교과서 토론
과학

생각이 열리는
교과서 토론 - **과학**

초판 1쇄	펴낸 날 2022년 2월 11일
초판 2쇄	펴낸 날 2023년 12월 19일

지은이	김동명 · 김민성 · 서영석 · 이승택 · 최고은 · 최규식 · 최문주 · 하헌우 · 한동규

발행처	이화북스
주소	경기도 파주시 회동길 145 아시아출판문화정보센터 전시정보동 202호
대표전화	02 - 2691 - 3864
팩스	02 - 307 - 1225
이메일	ewhabooks@naver.com

편집	박나리
디자인	책은우주다
마케팅	임동건

ISBN	979 - 11 - 90626 - 22 - 4 04080

교과서 토론 시리즈 04

생각이 열리는

교과서 토론

과학

김동명 · 김민성 · 서영석 · 이승택
최고은 · 최규식 · 최문주 · 하헌우 · 한동규 지음

이화북스

머리말

'과학'에 대한 편견을 가지고 있는 사람이 많습니다. 학교를 다니면서, '과학'은 공부하고 성적으로 평가받아야 할 대상이라는 고정관념을 가지게 된 탓이지요. 뉴턴의 운동 법칙, 전자기 유도, 유전 원리, 에너지 보존법칙 등 교과서에 등장하는 '과학'은 딱딱하고 재미없게 여겨지기도 합니다. 만약 학교에서 받은 교과서만으로 과학을 만났다면, 더욱 그랬을 것입니다. 교과서의 내용과 구성은 교육부 또는 교육청의 지침에 따라 만들어지기 때문에, 정해진 틀을 완전히 벗어나기 어렵다는 한계가 있습니다.

그래서 학교에서도 이런 문제를 어떻게 해결할 것인지 고민이 많습니다. 요즘 과학 선생님들은 과학에 대한 학생들의 흥미를 유도하기 위해 노력하고 있습니다. 그중 하나가 학생들과 함께 과학적 문제에 대해 토론하는 것이지요. 토론은 우리 주변에서 발견한 사회적 문제 속에 과학이 매우 깊숙이 자리잡고 있다는 점을 알려 주는 아주 좋은 방법이기 때문입니다.

이 책의 글쓴이들은 모두 학교에서 이런 경험을 했던 과학 교사들입니다. 어떻게 하면 학생들이 과학을 쉽고 재미있게 대할 수 있을까 늘 많은 고민을 하는 사람들이지요. 이에 학교 현장의 고민을 통해 만들어진 토론 자료를 책 속에 그대로 담았습니다. 직접 학생들과 호흡하며 고민하고 생각했던 것을 '토론'이라는 말랑말랑한 형식을 빌려 구성한 것이지요. 그래서 이 책은 교과서를 통해서만 과학을 접했던 사람들에게, 조금 다른 방식으로 과학에 쉽게 다가갈 수 있는 기회를 제공해 줄 것입니다.

이 책에서는 총 아홉 가지의 과학 이야기를 교과서 밖으로 꺼내어 소개하였습니다. 사회자, 토론자들이 이야기를 나누는 방식으로 구성하였으니, 이들의 말과 생각 또는 논리를 그대로 따라가다 보면 어느새 쉽게 이해가 될 것입니다. 여러 토론자 중 어느 한 편이 되어 자신의 생각을 덧입혀 보는 것도 좋습니다. 마치 내가 토론에 참여하고 있는 듯한 착각에 빠지며 과학에 재미있게 접근할 수 있을 것입니다.

이 책을 통해, 과학이 조금 더 친숙하게 느껴졌으면 좋겠습니다. 그리고 우리 주변에서 일어나는 일들을 과학적인 안목으로 바라볼 수 있는 여러분이 되었으면 좋겠습니다.

저자 일동

차례

· 쟁점 1 ·

과학기술과 우리 생활

— 과학기술의 발전은 우리에게 안전하고
편리한 생활을 가져다줄까

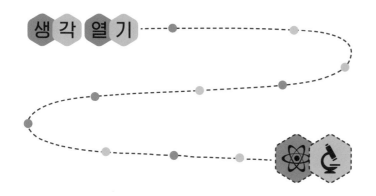

여러분은 혹시 '코페르니쿠스적 전환'이라는 말을 들어 본 적이 있나요? 과학의 혁명적 발전을 이끈 위대한 발상의 전환을 가리키는 말로, '코페르니쿠스의 혁명'이라고도 부릅니다.

인간이 살아온 역사를 돌이켜보면, 우리는 최근 몇백 년 동안 눈부신 성장 속도로 발전해 왔다고 이야기할 수 있습니다. 그리고 그 바탕에는 항상 과학 기술의 찬란한 과정이 함께했지요. 과학기술의 발전과 인간의 삶은 서로 밀접한 관련을 지니며 함께 성장해 왔습니다. 이를 볼 때, 우리가 더 나은 미래의 삶을 꿈꾸고 준비하기 위해서는 과학기술의 발전이 인간에게 어떠한 영향을 주었는지에 주목해

▲ 토머스 S. 쿤, 『과학혁명의 구조』. 이 책은 20세기 동안 가장 많이 인용된 학술서로 손꼽힌다.

야 합니다. 토머스 S. 쿤[1]은 그의 저서인 『과학혁명의 구조』에서 과학의 역사는 세상을 바꾼 '과학혁명'이라고 이야기했습니다.

▲ **코페르니쿠스**(Nicolaus Copernicus, 1473~1543)

미국의 과학사학자이자 과학 철학자로서, 20세기 사회과학과 인문과학 및 철학 분야에서 가장 영향력을 끼친 저서 『과학혁명의 구조』(1962)의 저자이다. 하버드 대학교에서 물리학을 전공했고, 프린스턴 대학교, MIT의 교수로 재직하며, 과학사와 과학 철학 분야를 넘어서 세상에 대한 우리의 이해를 바꾸었다.

폴란드의 천문학자로, 저서인 『천구의 회전에 관하여』라는 책에서, 기존의 천동설을 뒤엎는 지동설을 주장하여 근대 자연과학의 획기적인 전환, 이른바 '코페르니쿠스의 전환'을 가져왔다.

태양을 중심으로 지구가 움직인다는 코페르니쿠스의 지동설은 발상의 전환으로 세상의 패러다임을 바꾼 혁명적 사건이었습니다. 이후 뉴턴, 라부아지에, 아인슈타인과 같은 유명 과학자들이 그 뒤를 이어 과학 발전의 위대한 전환점을 이루었다고 본 것입니다.

그렇다면 과학혁명의 출발을 차근차근 살펴볼까요? 물론 과학기술의 발전은 과거에서부터 여러 시대에 걸쳐 차츰 이루어져 왔지만, 이전까지 사람들이 진리라고 믿어 온 사실들을 뿌리째 흔드는 일이 일어납니다. 바로 폴란드의 천문학자인 코페르니쿠스[2]에 의해서 말입니다.

이전까지 사람들은 '하늘은 둥글고 땅은 평평하다'는 것을 진리로 세상의 모양에 대해 믿어 왔습니다. "우리가 사는 땅덩어리인 지구를 중심으로 하늘이 움직인다"고 주장한 '천동설'[3]은 고대 이집트의 피라미드나 벽화에 표현된 그림들을 포함하여 동·서양 사람들의 인식 속에 뿌리 깊게 자리하고 있었죠. 하지만 코페르니쿠스는 이러한 기존의 생각에 의문을 제기하고, 끊임없는 탐구를 통해 기존의 천동설 대신 '지동설'[4]을 주장하게 됩니다. 우리가 살고 있는 지구는 우주의 중심에 고정되어 있는 형태가 아니라, 태양의 둘레를 돌아 계절의 변화가 생기며, 하루에 한 번 스스로 자전하여 낮과 밤의 변화도 생기게 된다고 설명하였습니다.

이후 과학과 기술의 발전은 여러 시대에 걸쳐 눈부시게 성장해 왔습니다. 많은 사람이 과학기술의 발전으로 인해 우리의 삶이 한층 편리해졌으며, 이러한 발전은 인간에게 주어진 선물이라고 주장합니다.

하지만 이 주장에 대한 반발도 만만치 않습니다. 과학기술의 발전과 함께 이루어진 인간의 무분별한 개발로 인해 자원이 훼손되고 환경이 오염되고 있다는 주장도 끊임없이 제기되는 것이 사실입니다. 여기에서 한 가지 우리가 눈여겨보아야 할 점은 과학기술의 발전이 인간의 삶에 매우 큰 영향을 주는 것은 틀림없다는 사실입니다. 그렇다면 우리의 현재와 그보다 더 나은 미래의 삶을 위해 과학기술의 발전이 인간에게 주는 영향에 대해 살펴볼까요? 과연 과학기술의 발전이 인간의 안전과 편리함을 보장해 줄 수 있을까요?

지구가 우주의 중심에 있으며, 태양을 비롯한 모든 천체가 지구의 주위를 돌고 있다는 이론. 기원전 2세기 중엽 프톨레마이오스에 의해 쓰인 「천문학 집대성」 이후 1,400여 년 동안 불변의 진리로 여겨져 온 이론이다.

태양이 우주의 중심이고, 지구는 우주의 수많은 행성 중 하나로, 지구는 자전축을 중심으로 스스로 자전하며, 정지해 있는 태양의 주위를 공전한다는 이론. 기원전 3세 알렉산드리아의 천문학자 아리스타르코스에 의해 최초로 주장되었으나 사람들의 호응을 얻지 못하고, 이후 코페르니쿠스에 의해 다시 주장되어 과학혁명의 토대가 되었다.

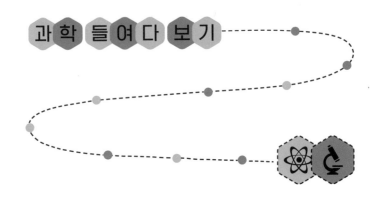

▲ 사물, 사람, 장소 등 유·무형의 사물들이 연결되어 새로운 기능의 서비스를 제공하는 '사물인터넷'

팔목에 찬 스마트 워치가 실시간으로 나의 건강정보를 체크해 주고, 목소리 하나만으로도 오늘의 뉴스 및 날씨 정보를 즉각적으로 알아볼 수 있는 편리한 세상!

불과 30~40여 년 전만 하더라도, 공상과학 영화 속에서 상상의 세계로만 여겨졌던 이 장면은 21세기의 오늘날, 사물인터넷[5]의 발달을 통해 현실이 되었습니다.

과학기술의 발달로 우리는 빠르고 편리한 일상을 누릴 수 있게 된 것입니다. 이뿐만이 아닙니다. 냉장고에 연결된 기기를 통해 생활 정보를 한눈에 파악할 수 있으며, 맛있는 음식을 만들기 위해 필요한 요리정보를 단 몇

초 만에 곧바로 검색해 볼 수 있는 세상이 바로 우리의 오늘입니다.

앞서 살펴본 코페르니쿠스적 전환을 계기로, 이후 과학과 기술은 눈부신 성장을 거듭하게 됩니다. 우리는 과학과 기술의 발달로 인해 언제 어디서든 정보 통신망에 접속해, 수많은 정보 서비스를 활용할 수 있는 유비쿼터스[6] 시대를 살아가고 있습니다. 또 홈 네트워크 서비스를 통해 집은 단순히 휴식을 취하는 공간이 아닌, 재택근무, 온라인 수업 등을 할 수 있는 스마트한 삶의 공간으로 변화하였습니다. 과학기술의 이러한 혁명적인 변화는 사람들에게 시간과 노력을 절약할 수 있는 편의성을 가져다주었습니다.

이뿐만이 아닙니다. 우리는 생물학 및 해부학과 유전공학 기술의 발달에 따라 유전자치료 및 신체 이식 등 의료 분야에서도 많은 혜택과 장점을 누릴 수 있게 되었습니다. 또 유전자 정보를 활용한 과학 수사 기술은 범죄 및 사건 현장에서 우리의 안전한 생활에 도움을 주고 있습니다.

이처럼 과학기술은 인간의 삶에 엄청난 혁신과 변화를 선물해 주었습니다. 하지만 과학기술의 발달이 우리에게 그저 밝은 빛만을 전해 주었을까요? 그 이면에 존재하는 그림자는 없을까요? 지금부터 열띤 토론의 과정 속에서 과학기술이 인간의 삶 속에 가져온 빛과 그림자에 대해 살펴보도록 합시다.

사물, 사람, 장소 등 유·무형의 사물들이 연결되어 새로운 기능의 서비스를 제공하는 것을 말한다.

정보 통신망에 접속하여, 시간과 장소에 구애받지 않고 언제나 다양한 정보 통신 서비스를 활용할 수 있는 환경을 말한다.

과학기술의 발전은 우리에게 안전하고 편리한 생활을 가져다줄까

과학기술의 발달은 인간의 삶에 하나둘씩 변화를 가져왔다. 이미 과학기술 및 정보통신 기술의 발달로 시간과 장소에 구애받지 않고 정보에 접속할 수 있는 유비쿼터스 시대가 되었고, 사물인터넷의 발달로 인해 우리는 집 안에서나 밖에서나 언제, 어디서든 원하는 정보에 쉽게 접근해 다양한 서비스를 활용할 수 있다.

하지만 이러한 편리함 뒤에 따르는 부작용도 만만치 않다. 유비쿼터스 시대와 사물인터넷의 발달로 인해 정보 유출 및 개인정보 침해의 사례가 하루에도 셀 수 없이 쏟아져 나오고 있으며, 정보기기의 과도한 사용은 인간 소외의 문제마저 초래하게 되었다.

과학기술 발전은 마치 동전의 양면처럼 우리 사회의 빛과 그림자가 되었다. 이처럼 과학의 발달이 가져온 긍정적인 면과 부정적인 면이 첨예하게 대립하는 시점에서, 한 시간 동안 우리 사회의 다양한 문제에 대해 의견을 나누는 '60분 토론'

이 열리게 되었다. SBC 방송국의 '60분 토론'에서는 '과학기술의 발전은 우리에게 안전하고 편리한 생활을 가져다줄까?'라는 주제로 과학기술과 인간 삶의 관계에 대해 토론하려고 한다.

주제 1
생명공학 기술의 발달로 인한 빛과 그림자는 무엇인가

사회자 — 안녕하십니까? 한 시간 동안 우리 사회 속에서 첨예하게 대립하고 있는 쟁점을 쏙쏙 골라 파헤치는 SBC 방송의 '60분 토론'입니다. 오늘은 '과학기술과 우리 생활'을 주제로 과학기술 발전의 빛과 그림자에 대해 토론하는 시간을 갖고자 합니다. 이에 과학기술 발전에 긍정적 입장을 가지신 대한과학정책 연구소 김과학 소장님과, 부정적 입장을 가지신 미래대학교 지속가능발전학과 정미래 교수님을 모시고 토론을 진행하도록 하겠습니다. 먼저, 과학기술의 발전과 우리의 삶에 대한 두 분의 입장을 차례대로 들어 보겠습니다. 정미래 교수님께서 먼저 발언해 주십시오.

정미래 — 안녕하세요. 정미래 교수입니다. 저는 과학기술의 발전이 언제나 우리에게 편리함과 안전함을 선물한 것은 아니라고 생각합니다. 빛의 반대편에 그림자가 존재하며, 동전에도 앞과 뒤의 양면이 있듯, 과학기술의 발전에 따라 등장하게 된 단점과 위험성도 함께 살펴보아야 합니다. 몇십 년 동안 생명공학 기술은 눈부시게 발전했지만, 생명공학 기술의 반대편에 윤리적으로 비판받아야 할 점이 분명히 존재합니다. 질병 치료 및 신약 개발에 인간이나 동물 실험이 무분별하게 이뤄지고 있습니다. 지금 이 시간에도 신약의 효과성을 살펴보기 위해 동물과 사람을 대상으로 수많은 임상실험이 이뤄지고 있습니다. 과학기술 개발을 위해 인간과 동물의 존엄성이 무시되어서는 절대 안 됩니다.

김과학 —— 안녕하세요. 대한과학정책 연구소 김과학 소장입니다. 저는 역사적으로 생물학 및 유전공학의 발전이 인류에게 가져다준 긍정적 사례들을 통해 정미래 교수님의 부정적 의견에 반박해 보려고 합니다. 생물학과 유전공학이 발달하면서, 사람들은 식량 위기에서 벗어나 건강과 안전을 보장받게 되었습니다. 요즘 청소년 중에 '보릿고개'라는 용어를 들어 본 사람이 몇 명이나 될까요? 오래된 과거로 거슬러 올라가지 않아도, 불과 몇 십여 년 전만 하더라도 식량 부족으로 인한 '보릿고개'가 흔한 사회였습니다. 그런데 요즘 우리는 풍족한 먹을거리와 칼로리 과잉으로 인한 다이어트가 일상화된 현대사회를 살아가고 있습니다. 이처럼 많은 사람이 배고픔의 걱정 없이 오늘 하루를 살아갈 수 있는 이유는 과학기술의 발달 때문이라고 생각합니다. 인간의 존엄성은 기본적으로 의식주가 충분히 이뤄지는 상황 속에서 보장받을 수 있는 것 아닙니까?

정미래 —— 김과학 소장님의 의견에는 일부 동의합니다. 과학기술의 발달로 인해 쌀과 밀을 포함한 농업 생산량이 증가한 것은 사실입니다. 하지만 우리는 또 다른 식량 자원인 육류 생산을 위해 대규모로 가축을 기르기 시작했고, 가축들의 먹이로 엄청난 식량 자원이 소비되고 있습니다. 지금 이 시간에도 지구의 한쪽에서는 식량 부족으로 굶어죽는 사람들이 존재하는데, 다른 한쪽에서는 수많은 가축이 엄청난 양의 곡류를 소비하며 탄소를 내뿜는 역설적인 상황이 발생하고 있습니다. 유엔 식량 농업기구^{FAO}에 따르면, 전 세계 육류 생산을 위해 발생하는 온실가스의 배출량은 전체의 14.5%를 차지합니다. 또 풍족한 식량 생산을 위해 무분별하게 훼손된 환경은 기후변화의 문제를 불러와 앞으로 인류는 심각한 식량 위기에 직면할 가능성도 있습니다. 생명공학 및 유전공학의 발달로 GMO(유전자 변형 생물)[7]가 우리의 식생활과 건강을 위협하고 있기도 합니다.

김과학 —— 유전자 변형 생물에 대해 인간의 건강이 위협받는다는 주장은 아직까지는 근거가 부족하다고 생각합니다. 저는 생명공학 기술을 이용한 유전자 변형 생물^{GMO}의 단점보다, 분명히 찾아볼 수 있는 장점도 이야기할 필요가 있다고 생각합니다. 우리는 DNA 재조합 기술을 이용해 기존의 생물 유전자에 유용한 유전자를 포함시켜, 병충해에 강한 식량 자원을 얻을 수 있습니다. 이렇게 되면 비교적 적은 비용으로 풍부한 식량 및 사료작물을 얻게 됩니다. 또 '무르지 않는 토마토'나 생산량이 높은 품종의 쌀과 밀 등, 기존의 자원들이 갖고 있던 단점을 극복한 식량 및 자원을 얻을 수 있게 됩니다.

정미래 —— 물론 김과학 소장님의 의견 또한 존중합니다. 하지만 우리의 건강과 안전을 위해 단 1%의 확률이라도 잠재적으로 위험을 초래한다면, 그것을 과감하게 부정하는 용기가 필요하다고 생각합니다. 우리의 생명과 안전을 위해서 말입니다. 건강은 한번 해치면 돌

생명공학 기술을 이용해 유전자를 인위적으로 변형시킨 생물을 말한다. GMO 옥수수 등을 포함한 이러한 생물들은 생태계 교란 및 인간의 건강과 환경에 대한 잠재적 위험을 초래할 수 있다.

이키기 힘든 것이 사실입니다. GMO 유전자 변형 기술의 역사가 아직 오래되지 않은 만큼, 당장 우리 눈앞에 그 피해가 드러나지는 않을 거라고 생각합니다. 건강한 식량 자원에 대한 사람들의 관심이 점차 높아지고 있는 이 시점에서, 유전자 변형 생물로 인해 우리의 식생활이 위협받고, 생태계가 교란되는 것을 하루빨리 막아야 합니다.

김과학 — 건강은 굉장히 중요합니다. 하지만 여러 위험으로부터 인간의 생명과 건강을 지킨 것 역시 과학기술의 발달에서 찾을 수 있습니다. 역사적으로 흑사병(페스트), 천연두와 같은 전염병으로 인해 수많은 사람이 목숨을 잃었습니다. 14세기 유럽을 휩쓴 흑사병으로 당시 유럽 인구의 3분의 1이 목숨을 잃었으며, 천연두로 인해 약 6천만 명의 인구가 사망했습니다. 우리 역사에서도 '마마'라고 불리던 천연두 바이러스에 의해 수많은 백성의 목숨이 위협받은 사례를 찾아볼 수 있습니다. 이러한 감염병을 예방하고 치료할 수 있는 기술은 생물학과 병리학, 생명공학으로부터 비롯되었습니다. 과거뿐만이 아닙니다. 최근 몇 년 사이에 등장한 메르스와 코로나19 바이러스 등은 인류의 생명과 안전을 위협하고 있습니다. 이러한 감염병을 예방 및 완화하고, 치료해 가는 기술을 개발하기 위해 전 세계적으로 해당 바이러스를 연구하고 분석하는 노력을 기울여 오고 있으며, 이러한 노력으로 질병 예방 백신이 개발되었습니다. 또 생명공학 기술의 발달은 안전과 건강한 삶을 위한 유전자치료와 질병 극복의 열쇠로 주목받고 있습니다.

정미래 ── 2019년 말에 등장한 코로나19 바이러스는 인류의 생명과 건
강을 해치는 공공의 적이 되었습니다. 이러한 코로나19 바이러스
는 과연 어디에서 비롯된 것일까요? 코로나19 바이러스의 원인에
대한 수많은 연구가 아직 진행 중이지만, 바이러스를 연구하던 한
기관에서 시작되지 않았을까 하는 합리적 의심이 드는 것이 사실입
니다. 실제로 해당 바이러스 연구소에서 근무하던 해당 국적의 연
구원이 양심선언을 한 사례도 있습니다. 지금 이 시간에도 바이러
스를 연구하고 질병과 싸우는 수많은 사람이 있지만, 그 시작점은
바로 안전성이 보장되지 않은 조건 속에서 이루어진 과학기술의 무
분별한 개발 때문이 아닐까요? 특히 코로나19 변종 바이러스가 하
나둘씩 발견되고 있는 현재 상황에 비추어 볼 때, 무분별한 과학기
술의 개발로 인해 오히려 수많은 인류의 생명과 안전이 위협받고 있
다고 볼 수 있습니다.

주제 2
물리학, 화학 기술의 발달로 인한 빛과 그림자는 무엇인가

사회자 ── 두 분의 의견이 정말 팽팽하군요. 과학의 발전 이후로 항상
사람들이 첨예하게 대립해 온 주제인 만큼 토론의 열기가 뜨겁습니
다. 앞서 생명공학의 발달이 우리에게 준 빛과 그림자에 대해 이야
기를 나눠 보았는데요. 그렇다면 이번에는 또 다른 분야 속에서, 과
학기술의 발달이 우리 삶에 영향을 준 사례들을 살펴볼 필요가 있을

것 같습니다. 이번에는 물리학과 화학 기술의 발달 분야에 대해 이야기를 나눠 보고자 합니다. 이번에는 과학기술의 발달과 우리 삶의 관계에 대한 긍정적 입장을 갖고 계신 김과학 소장님의 의견을 먼저 들어 보도록 하겠습니다.

김과학 —— 물리학과 화학의 발전 또한 인간에게 크나큰 혜택을 주었습니다. 과학의 발달과 산업 혁명으로 인해 이동 및 운송 수단이 눈부시게 발전하였습니다. 이동 거리가 제한되던 과거와 달리 자동차, 열차, 비행기 등을 이용해 짧은 시간 안에 먼 거리를 쉽게 이동할 수 있게 되었습니다. 또 운송 수단을 활용해 우리는 국가 간의 경계를 뛰어넘어, 자원을 손쉽게 주고받을 수 있는 혜택을 누리고 있습니다.

정미래 —— 이동 수단과 운송 기술의 발달이 시간과 공간의 제약을 단축시켰다는 김과학 소장님의 의견에는 일부 동의합니다. 하지만 증기기관의 발명 이후 성장해 온 이동 및 운송 기술의 발달과 산업화, 기계화된 시설들로 인해 오늘 하루에도 세계 곳곳의 사람들이 대기오염의 피해를 고스란히 떠안고 있습니다. 과학기술의 발전 속에서 환경오염은 자연스럽게 몸집을 키워, 오늘날 우리의 안전을 위협하고 있습니다. 특히 대기오염과 미세먼지 피해는 전 지구적인 문제로 여겨지고 있습니다. 호흡기와 폐 질환으로 성별과 나이를 불문하고 많은 사람이 고통받고 있으며, 탄소가스 배출로 인해 지구가 몸살을 앓고 있습니다. 2021년 2월 11일 기준, 사상 처음으로 유럽연합[EU]의 탄소 배출권[8] 가격이 톤당 40유로를 넘어섰다고 합니다.

과학기술 발달로 인해 증가한 온실가스의 감축이 전 세계적인 과제가 된 것이지요.

김과학 ── 온실가스를 줄이기 위한 전 세계적인 노력에는 저도 동의합니다. 하지만 인간의 삶과 편리함으로의 변화를 위해 환경오염은 어느 정도 수반될 수밖에 없습니다. 우리나라에서도 탄소를 줄이기 위해 각 지방자치단체에서 탄소 포인트제(에코 마일리지제)[9]를 실시하고 있습니다. 이러한 상황에서 우리는 과학기술의 해당 분야를 활용해 환경 문제를 해결할 수 있는 가능성을 찾아가야 한다고 생각합니다. 과학기술 발달의 부정적 부분만을 살펴볼 것이 아니라, 이를 이용해 친환경적인 방법으로 에너지를 생산하여 산업 발달과 인간을 위한 자원으로 활용할 수 있는 것이지요. 이처럼 과학기술은 과거에도, 그리고 지금도 인간을 위해 큰 기여를 해 오고 있습니다. 우리는 그 혜택으로 안전함과 편리함을 누리며 살아온 것이 사실입니다.

정미래 ── 친환경 에너지를 통해 환경적 피해를 줄이는 방식을 찾아가야 한다는 소장님의 의견에 동의합니다. 하지만 에너지 개발의 역사를 살펴봅시다. 친환경적 개발보다는 수력, 화력, 원자력 개발을 통해 자연환경이 훼손되고, 대기가 오염되었으며, 원자력 발전 폐기물로 인한 방사능 누출의 위협으로 오늘도 우리의 안전은 위협받고 있습니다. 물리학과 원자력을 포함한 과학기술의 발전으로 인해 환경이 파괴되고 생물의 다양성이 훼손되었다는 증거는 이미 충분합니다.

이산화탄소와 메테인 등을 포함한 6대 온실가스 감축 의무가 있는 국가에 탄소를 배출할 수 있는 할당량을 부여한 후 이들 국가 간에 할당된 배출권의 거래를 허용하는 제도를 말한다.

가정과 상업 시설에서 전기, 가스, 난방 등의 사용량을 줄여 온실가스 감축에 참여하면 그 실적에 따라 탄소 포인트를 발급받고, 그 인센티브를 지방자치단체로부터 제공받는 기후변화 대응활동이다. 2008년부터 환경부에서 시범적으로 운영하다가 2009년부터 전국 지방자치단체로 확대되어 실시 중이다. 탄소 포인트제는 이산화탄소만을 대상으로 하며, 포인트는 이산화탄소 10g 감축당 1포인트로 계산한다. 서울시의 경우 에코 마일리지제로 운영하고 있다.

김과학 —— 과학기술의 발전 이전에도 인간이 자연환경 속의 다양한 자원을 이용해 살아오는 과정에서 환경오염은 꾸준히 발생해 왔습니다. 자원과 에너지를 소비하며 살아가는 인간의 삶 속에서 어쩔 수 없이 이뤄지는 과정이 아닐까요? 앞서 이야기되었듯이 과학기술의 발달에는 분명히 빛과 그림자가 존재합니다. 과학기술이 우리에게 가져다준 빛을 더 환하게 밝히고, 이면의 어둠을 지워 가기 위해 현재 우리가 가진 다양한 과학기술 안에서 그 해답을 찾아야 합니다.

과학과 화학의 발달로 우리는 새로운 물질들을 발견해 왔습니다. 과학기술의 지속적인 연구와 발전을 통해 환경오염을 줄일 수 있는 새로운 소재와 물질을 발견해 나가는 것이 앞으로 우리의 과제라고 볼 수 있지 않을까요? 실제로, 인간은 플라스틱이라는 화학적 구조물의 발견을 통해 의류와 용기, 생활용품 등 우리 삶에 큰 편리함을 가져왔습니다.

정미래 —— 그렇습니다. 하지만 김과학 소장님의 말씀 안에는 과학기술 발달에 따른 장밋빛 미래만 가득한 것이 아닌가 하는 의문이 듭니다. 과학에 대한 끊임없는 연구를 통해 새롭게 발견된 물질의 사례를 예로 들어 보도록 하죠. 1800년대에 우리는 과거에 알지 못했던 새로운 화학적 구조물을 발견했습니다. 이것이 바로 합성 고분자 재질인 합성 폴리머 물질인데, 오늘날 플라스틱이라고 불리는 재료의 혁명적인 발견이라고 말할 수 있습니다. 플라스틱은 우리 생활 속에서 이전까지 활용되던 종이, 목재, 금속, 유리 등을 대신하며 생활의 편리함을 가져왔지만, 플라스틱 제조에 사용되는 첨가제인 비스페놀 A 같은 물질로 인해 결국 인간의 건강은 위협받고 있으며, 지구 곳곳이 미세플라스틱 등의 환경적 문제로 고통받고 있습니다. 과학기술의 개발을 멈추고, 본래의 환경을 지켜 나가야 우리의 미래가 좀 더 안전할 수 있다고 생각합니다.

주제 3
편리함과 안전한 삶의 균형을 위해
과학기술이 나아가야 할 방향은

사회자 — 두 분의 말씀이 모두 일리가 있어, 각각의 의견에 모두 고개가 끄덕여집니다. 지금까지 과학기술과 우리의 생활에 대한 긍정적 측면과 부정적 측면에 대한 열띤 주장을 들어 봤습니다. 두 분의 토론 내용을 정리해 보자면, 과학기술의 발전이 우리에게 편리함을 준 것은 부정할 수 없는 사실이지만, 무분별한 발전을 통해 환경을 파괴하고 우리의 안전을 위협하는 사례들도 종종 발생한다고 정리할 수 있을 것 같습니다. 그렇다면 지금부터는 토론 주제의 방향을 새롭게 바꾸도록 하겠습니다. 두 분은 편리한 삶과 안전한 삶의 균형을 위해 과학기술이 앞으로 나아가야 할 방향은 어떤 것이라고 보십니까? 김과학 소장님의 의견을 먼저 듣도록 하겠습니다.

김과학 — 네, 저는 인간의 편리한 삶과 안전한 삶의 균형을 위해 반드시 필요한 것이 과학기술이라고 생각합니다. 이전 토론 주제에서 정미래 교수님께서 말씀하셨던 플라스틱 발견의 사례를 예로 들어 봅시다. 플라스틱이라는 새로운 물질을 발견한 이후, 사람들은 유리, 금속, 목재, 종이를 대신해 생활 곳곳에서 이를 폭넓게 활용해 왔습니다. 플라스틱을 포함한 새로운 물질의 발견으로 인해 우리는 쉽고, 빠르고, 편리한 삶을 누려 온 것이지요. 제가 주장하고자 하는 것은 오랜 시간에 걸쳐, 새로운 물질이 환경을 오염시킨다는 사실을 우리가 충분히 인식했으므로, 기존에 발견한 물질의 장점은 유지하면서 단점을 해결해 갈 수 있는 과학기술을 연구하는 과정이 꼭 필요하다는 사실입니다. 혹시 옥수수를 재료로 한 썩는 플라스틱에 대해 알고 계신가요? 쉽게 썩지 않는 플라스틱의 단점을 보완하기 위해 우리는 과학기술을 이용해 바이오 플라스틱[10]을 찾아냈습니다. 바이오 플라스틱은 쉽게 썩어 분해되는 친환경 소재입니다. 하지만 기존 플라스틱에 비해 가격이 비싸고 강도가 약한 것도 사실이지요. 친환경 과학기술에 대한 지속적인 연구와 개발을 통해, 환경을 지키면서 인간의 편리함과 안전함도 누릴 수 있는 새로운 물질들을 찾아가야 합니다. 이것이 우리의 미래를 위해 과학기술이 나아가야 할 방향이라고 생각합니다.

바이오 플라스틱. 토양 속의 세균에 의해 분해되므로, 생물분해성 플라스틱이라고도 부른다.

▲ 옥수수를 재료로 한 바이오 플라스틱

정미래 —— 물론 우리가 과학기술의 발달로 인해 지금까지 누려 온 삶의 편리함을 전부 포기할 수는 없습니다. 제가 주장하는 것은 기술의 개발을 최대한 억제하고 친환경적인 자원을 이용해 자연환경과 공존하며 살아왔던 과거의 삶을 돌이켜 보자는 것입니다. 편리함을 위한 인위적 삶이 아닌, 나와 가족의 안전, 환경적인 순환이 자연스럽게 이뤄지는 삶으로 조금씩 회복해 나가자는 것이죠. 과학의 발달로 우리는 신속하고 간편함을 추구하는 삶을 살아왔습니다. 이러한 삶의 관점을 변화시켜, 느리지만 천천히 공존하는 미래의 삶으로 생활 방식을 바꿔 나가야 합니다.

김과학 —— 물론 무분별한 개발은 막아야 합니다. 하지만 역사의 흐름을 바꿔 온 과학과 기술의 발전을 억제하는 방향으로 우리의 미래를 설계해서는 안 된다고 봅니다. 과학기술을 토대로 한 지속 가능한 발전 방식에 주목해야 합니다. 미래의 우리, 그리고 더 먼 미래의 후손들이 지속 가능한 삶을 살기 위해 지구 안에 사는 모든 사람이 국가와 지역의 경계를 넘어, 환경과 공존하는 공동의 목표를 세워야 합니다. 그리고 이러한 목표 안에서 협력해 나가야 합니다.

과학기술을 활용한 적정기술[11]을 통해 환경을 훼손하는 기존 방식이 갖는 문제점을 보완할 수 있다고 생각합니다. 편리함과 안전함이라는 두 마리 토끼를 잡기 위한 새로운 길을 모색해야 합니다. 바로 지금이 우리의 안전하고 편리한 미래를 위해, 과학기술이 나아가야 할 방향에 대해 고민해 보아야 할 때가 아닌가 생각합니다.

11
낙후된 지역 및 소외된 계층을 배려해 만든 기술. 첨단 기술에 비해 해당 지역의 환경이나 경제, 사회 여건에 맞도록 만들어 낸 기술을 뜻한다.

정미래 —— 네, 소장님께서 말씀하시는 지속 가능성에 대해서는 저도 공감합니다. 하지만 과학기술 발달이 가져온 인간의 심리적 문제도 고려해 보아야 합니다. 사물인터넷과 유비쿼터스 기술의 발달은 우리에게 빠르고 쉬운 정보 검색과 생활의 편리함을 선물했지만, 과도한 정보기기의 사용은 대화의 단절과 인간 소외의 문제를 가져왔습니다. 또 개인의 검색 내역이 실시간으로 기록되고 데이터화되어, 나의 생각과 관심사, 검색정보 및 구매정보 등이 공유되는 문제 또한 발생하였습니다. 이는 개인정보 침해와 정보 유출뿐만 아니라, 인간을 수치화하는 인간 소외의 문제로까지 확대될 수 있습니다. 과학기술의 발달에 따라 직면하게 된 새로운 문제점들을 파악하여, 이를 해결하려는 노력을 기울이는 일이 우리의 미래 과제인 것이지요.

김과학 —— 과학과 정보기기의 과도한 사용으로 인해 인간 소외 현상이 우리 사회의 새로운 문제로 대두되었다는 점에는 저도 공감합니다. 정보 유출의 문제 또한 새로운 사회 현상이 되고 있습니다. 그런데 이러한 문제점을 해결하는 대안 역시 과학기술을 통해 찾아가야 하지 않을까요? 물론 과학기술만이 전부는 아닙니다. 뇌과학과 인간 심리에 대한 끊임없는 연구를 통해, 최근에 발생하는 문제들을 해결해 나가야 합니다. 질병을 예측하여 예방하고 치료할 수 있는 프로세스를 개발해야 합니다. 인간의 건강을 위해 윤리적으로 문제가 되지 않는 범위 내에서 의료 기술이 발달해야 합니다. 이러한 노력을 통해 우리의 건강하고 안전한 미래가 가능하다고 봅니다.

마무리 발언

사회자 — 두 분께서 말씀해 주신 좋은 의견 정말 감사합니다. 토론 주제를 거치며 두 분의 입장 차이가 점차 좁혀져, 지속 가능성을 바탕으로 균형 잡힌 미래를 만들어가야 한다는 사실을 알 수 있었습니다. 아쉽게도 시간이 거의 다 되어 갑니다. 두 분께서 짧은 마무리 발언으로 오늘 토론을 정리해 주셨으면 합니다.

정미래 — 깨끗한 자연환경과 건강한 신체는 한번 잃으면 회복되기 힘듭니다. 김과학 소장님께서 언급해 주신 과학기술의 발달로 인간의 편리한 생활이 가능했다는 사실에는 공감합니다. 빠르고 편리한 삶의 장점에 익숙해져서 지구가 우리에게 선물해 준 소중한 것들을 잃어서는 안 됩니다. 약간의 불편함을 감수할지라도, 우리의 건강과 안전 그리고 미래 환경을 위해 조금 멀지만 돌아가는 삶의 방식으로 변화해야 할 때입니다. 지속 가능성을 고려한 미래의 삶이 그 해답이라고 생각합니다.

김과학 — 과학기술로 인해 우리 삶은 엄청난 변화를 겪어 왔으며, 지금 이 시간에도 그 변화는 계속되고 있습니다. 과학의 탐구와 기술의 발전이 우리에게 선물해 준 편리함 속에서 일부 환경이 오염되었으며, 건강에 해가 되는 사례들이 발생한 것도 사실입니다. 이러한 어려움을 이겨 내고, 과학기술 발달과 인간의 편리하고 안전한 삶이 서로 균형을 맞추기 위해, 우리는 꾸준히 과학을 탐구하고, 친환경적인 기술을 개발해 나가야 합니다. 이를 통해 앞으로 인간과 환경이 공존하는 지속 가능한 미래를 만나게 될 수 있기를 바랍니다.

사회자 — 한 시간 동안 두 분의 토론을 들으며, 과학기술과 우리의 삶에 대해 저도 많은 생각을 해 보게 되었습니다. 두 분 말씀처럼 인간과 환경이 공존하는 지속 가능한 미래를 위해 과학기술과 사회문제에 꾸준히 관심을 갖고 노력해야겠다는 생각이 듭니다. 긴 시간 동안 열띤 토론을 함께해 주신 두 분께 진심으로 감사드립니다. 그럼 저희는 다음 토론에서 뵙도록 하겠습니다.

우리 선조들의 역사 속 과학기술 발달

과학기술의 발달은 과거에서 현재에 이르기까지 우리 인간의 삶을 변화시켜 왔습니다. 이러한 변화의 근거들은 선조들의 역사 속에서도 찾아볼 수 있습니다. 대한민국 사람이라면 누구나 알고 있는 신라시대의 천문 관측 시설인 '첨성대' 안에는 삼국시대 신라의 과학기술이 고스란히 담겨 있습니다. 몇 년 전 경주에서 발생한 지진의 피해마저 비껴간 과학기술의 결정체가 바로 첨성대입니다. 이 첨성대는 당시 신라의 천체 관측이 얼마만큼 발전했는지를 보여 주는 사례입니다. 이러한 과학기술을 바탕으로 천문과 계절의 변화를 탐구하여, 농업 생산량을 늘리고 식량문제를 해결할 수 있었습니다.

▲ 경주 첨성대. 국보 제31호

첨성대뿐만이 아닙니다. 우리나라 1만 원권 화폐 안에 그려진 조선시대 천문학 기술의 결정체인 '천상열차분야지도' 안에는, 당시 눈부시게 발전한 조선시대의 천체 관측 기술이 집약되어 있습니다. 하늘 위에서 입체적으로 펼쳐지는 온 하늘의 별자리를 평면 위에 표현했다는 사실은 당시 조선시대 천체 관측 기술의 높은 수준을 보여 줍니다. 발달된 천문 기술을 이용해 당시 조선시대 사람들은 계절과 날씨의 변화를 예측할 수 있었습니다. 이러한 예측을 바탕으로 과학적 사실을 농사 기술에 활용하여, 안정적 생산량을 통해 백성의 삶을 풍족하게 하고자 끊임없이 노력하였습니다.

과학기술의 발전은 우리에게 안전하고 편리한 생활을 가져다줄까

1. 다음 과학기술과 우리 생활에 대한 토론 내용을 보고, 각 주장에 관한 근거를 정리해 적어 보세요.

과학기술의 발전은 우리에게 안전하고 편리한 생활을 가져다줄까?		
생명공학 기술의 발달로 인한 빛과 그림자는 무엇인가?	생명공학 기술 발달은 우리에게 긍정적인 방향으로 작용했다. 근거 :	생명공학 기술 발달은 우리에게 부정적인 방향으로 작용했다. 근거 :
물리학, 화학 기술의 발달로 인한 빛과 그림자는 무엇인가?	물리학과 화학 기술 발달은 우리에게 긍정적인 결과를 가져왔다. 근거 :	물리학과 화학 기술 발달은 우리에게 부정적인 결과를 가져왔다. 근거 :
편리함과 안전한 삶의 균형을 위해 과학기술이 나아가야 할 방향은?	과학기술의 발전은 계속되어야 한다. 근거 :	환경보전의 측면에서 발전이 이루어져야 한다. 근거 :

2. 과학기술과 우리 생활에 관한 자신의 생각을 적어 보세요.

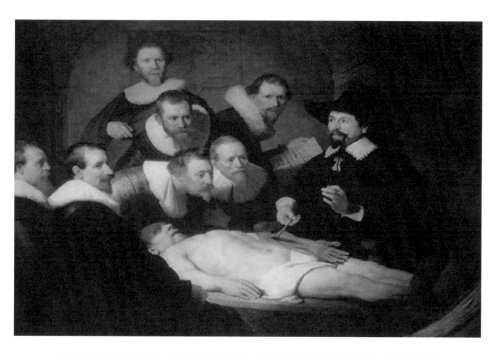

▲ **렘브란트**(1606~1669년), 「**니콜라스 튈프 박사의 해부학 강의**」, 1632년. 시신을 훼손하면 안 된다는 종교적인 제약에서 벗어나 이탈리아에서 최초로 부검이 실시된 뒤 사인을 밝히는 기법이 발달했다.

· 쟁점 2 ·

첨단과학

− 핵융합 발전 연구에 많은 예산을
쓰는 것이 옳은가

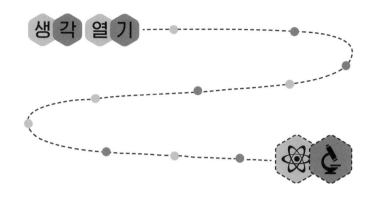

「어몽 어스^{Among Us}」와 「아이언맨^{Iron Man}」의 공통점은 무엇일 까요? 두 작품 모두 미래를 배경으로 하고 헬멧을 쓴 캐릭터가 등장하며 우여곡절 끝에 위기를 극복하게 됩니다. 독특하고 매 력적인 세계관을 바탕으로 팬들에게 사랑받고 있는 이유는 창 작자들의 과학적이고 치밀한 배경 설정 작업 덕분이기도 하지 요. 두 가상 세계에서 모든 일이 일어나게 하는 핵심 에너지원 은 바로 '핵 에너지^{nuclear energy}' 입니다.

어몽 어스는 마피아 게임 과 비슷한 온라인 멀티유저 게 임으로 우주를 항해하는 우주 선 안에서 벌어지는 사건을 다 룹니다. 크루원은 미션을 완수 해야 하고 임포스터는 그런 크

▲ 「아이언맨」에 등장하는 핵융합 장치

루원을 방해합니다. 서로의 역할을 모르는 상태에서 고도의 심리전을 통해 미션을 완료하면 승리를 거둘 수 있습니다. 임포스터는 크루원의 미션 수행을 막기 위해 원자로 용해^{nuclear reactor}^{meltdown}, 산소 차단, 지반 안정화 장치 파손 등의 방해 공작을 합니다. 이때 등장하는 '원자로'가 바로 게임의 배경이 되는 우주선을 움직이는 핵심 동력인 셈이죠.

아이언맨 가슴에 박혀 슈트에 에너지를 공급하는 아크 리액터^{arc reactor}는 초소형 핵융합로이자 발전장치입니다. '아크^{arc}'는 두 물질 사이에 고전압이 걸릴 때 높은 에너지를 가진 플라스마¹ 다발이 흐르며 빛나는 것을 말하는데 이를 이용해 핵반응을 일으켜 전기에너지를 얻는 것입니다. 이 에너지로 아이언맨은 생명을 유지할 뿐만 아니라 리펄퍼빔도 쏘고, 비행도 할 수 있게 됩니다.

아크 리액터의 핵반응을 일으키는 물질로 팔라듐이 사용되는데 여기서 어몽 어스와 중요한 차이가 나타납니다. 어몽어스의 원자로는 '핵분열^{nuclear fission}'을 이용하는 데 반해 아이언맨에서는 '핵융합^{nuclear fusion}'을 이용합니다. 팔라듐은 1990년대에 상온(15~25℃)에서 핵융합이 일어났다고 이슈가 되었던 물질인데, 이후 과학적으로 증명되지는 않았지만 그 해프닝을 창작자가 이용한 것이죠. 그렇다면 핵분열과 핵융합은 어떻게 다른 걸까요?

핵분열과 핵융합을 이용한 에너지 발생을 이해하는 데

고체, 액체, 기체에 이어 물질의 네 번째 상태로서 원자가 원자핵과 전자로 분리되어 떠돌아다니는 상태를 말한다.

는 널리 알려진 공식 중에 하나인 질량-에너지 등가 관계식($E=mc^2$)이 도움이 됩니다. 이 식을 깊게 이해하는 것은 쉬운 일은 아니지만 식에 나타난 기호의 의미만 알아도 우리의 목표는 충분히 달성할 수 있습니다. 식의 'E'는 에너지energy를 의미하고 등호 오른쪽에 있는 'm'은 질량mass을, 'c'는 항상 고정된 값으로 빛의 속력(299,792,458m/s)을 나타냅니다. 식이 나타내는 중요한 의미는 에너지와 질량이 본질적으로는 서로 같아서, 에너지가 질량으로 변할 수 있으며, 반대로 질량도 에너지로 변할 수 있다는 것입니다. 단, 질량(m)에는 빛의 속력의 제곱(c^2)이 곱해지므로, 아주 적은 양의 질량이라도 그것이 에너지로 변하면 엄청난 크기가 된다는 것도 알 수 있습니다. 그런데 이러한 질량-에너지 변화는 일반적인 상황에서는 잘 일어나지 않고 주로 핵반응을 통해서 일어납니다.

핵반응은 원자를 구성하는 원자핵이 합쳐지거나(핵융합) 분열하는(핵분열) 반응인데 이 과정에서 반응에 관계하는 물질의 전체 질량이 줄어들며 질량-에너지 등가 관계식에 따라 줄어든 질량에 해당하는 에너지가 발생합니다. 이 과정에서 줄어드는 질량은 핵융합이 일어날 때가 핵분열의 경우보다 더 커서 핵융합 과정에서 나오는 에너지가 핵분열보다 7배 이상 많습니다.[2] 그렇다면 이러한 핵 에너지는 실제 우리 생활에서 에너지로 이용되고 있을까요?

우라늄-235 1kg이 핵분열할 때 나오는 에너지가 200억kcal 정도인 반면, 수소 1kg이 핵융합할 때 나오는 에너지는 1500억kcal이다.

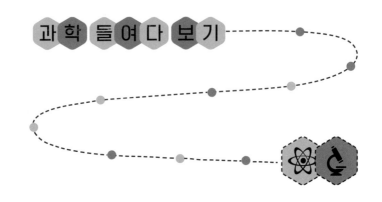

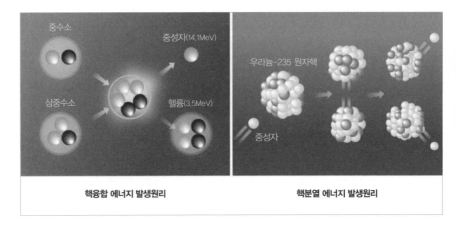

| 핵융합 에너지 발생원리 | 핵분열 에너지 발생원리 |

출처: 국가핵융합연구소.

핵분열은 현재 우리가 쓰는 전기에너지의 25% 이상(2019년 기준)을 생산하는 원자력 발전소에서 이용하고 있습니다. 우라 늄과 같은 무거운 원소가 연쇄적으로 핵분열하며 발생되는 열 로 물을 끓이고 터빈을 돌려 전기를 생산합니다. 이러한 원자력 발전은 석탄, 석유 등의 화석 연료를 이용하는 발전 방식보다 월등히 많은 에너지를 생산하며 이산화탄소와 같은 온실기체 배출도 적다는 장점이 있습니다. 하지만 발전 과정에서 고준위 방사성 폐기물이 발생하며, 체르노빌 원자력 발전소 사고(1986년)나 후쿠시마 원자력 발전소 사고(2011년)와 같이 원자로 폭발, 원자로 용해nuclear reactor meltdown 등으로 인해 원자력 발전소 주변뿐만 아니라 광범위한 지역에 심각한 방사능 오염을 일으킬 수 있습니다. 그리고 핵분열 발전의 자원인 우라늄 등과 같은 무거운 원소의 매장량도 화석 연료와 마찬가지로 한계가 있습니다.

한편, 핵융합은 우주 밖에서 지구에 에너지를 공급하는 태양 내부에서 일어나고 있습니다. 태양 내부는 엄청난 압력과 고온의 환경이므로 수소가 융합하여 헬륨으로 변하는 핵융합 과정을 통해 에너지가 생산됩니다. 이렇게 생산된 에너지의 극히 일부가 지구에 도달하며 지구 전체를 구성하는 대부분 에너지의 근원이 됩니다. 하지만 핵융합은 핵분열처럼 사람이 지구상에서 인위적으로 일으켜 우리가 쓸 수 있는 에너지를 직접적으로 생산하는 데 이용되고 있지는 못합니다. 과학자들은 핵융합이 지구상에서도 일어나게 하여 에너지원으로 사용하고자 열심히 연구하고 있는데 현재 유력한 방안으로는 바닷물 속 풍부한 중수소($^2_1$H)와 흙에서 추출되는 리튬($_3$Li)을 이용하는 것입니다. 핵반응을 이용해 리튬을 삼중수소($^3_1$H)로 변환하고, 1억℃ 이상의 고온의 플라스마 상태에서 중수소와 삼중수소가 결합하는 핵융합 과정을 통해 에너지를 얻는 것이지요. 이러한 핵융합 발전은 핵분열 발전보다 훨씬 많은 에너지를 생산하면서 온실기체 배출도 적을 뿐만 아니라, 방사능 오염의 걱정도 없고 생산에 사용되는 자원도 사실상 무한하다고 할 수 있습니다. 이러한 특징으로 인해 핵융합 발전은 인류의 마지막 꿈의 에너지로 평가되기도 합니다. 그래서 미래를 표현하는 만화, 게임, 영화 등 다양한 콘텐츠에서 핵융합이 에너지원으로 표현되곤 합니다.

과학기술을 선도하는 전 세계의 정부와 과학자들은 1950년 대부터 지금까지 엄청난 연구비를 들여서 핵융합 발전을 현실화하려고 애쓰고 있습니다. 특히 1988년 국제원자력기구IAEA

▲ 국제 핵융합 실험로　　　© Wikipedia.

는 국제 핵융합 실험로ITER 이사회를 구성하여 국제적인 프로젝트를 시작하였고, 2001년에는 공학설계 engineering design activity가 완료되어 프랑스에 건설 중에 있습니다. 2003년부터는 우리나라도 ITER 회원국이 되었고 현재 EU, 일본, 미국, 러시아, 중국, 인도와 함께 ITER 국제공동건설사업에 참여해 전체 예산의 9.09%를 부담하며 과학적·기술적으로 선진국과 어깨를 나란히 하고 있습니다. ITER 사업은 건설 단계에만 약 71.1억 유로의 사업비가 책정되어 인류 역사상 최대의 프로젝트로 평가받고 있습니다.

하지만 핵융합 발전을 위해 많은 연구개발비를 들이는 것에 대해 회의적인 시각도 만만치 않습니다. 연구 개발이 시작된 후 50년 동안 엄청난 비용이 투입되었음에도 불구하고 지금까지 핵융합을 통해 에너지가 생산된 적이 한 번도 없기 때문입니다. 핵융합에 사용되는 어마어마한 비용을 다른 신재생에너지 개발이나 탄소절감기술에 투자하는 것이 더 합리적이라고 주장하기도 합니다.

2017년 한 환경 관련 시민단체가 2018년 정부 예산안을 평가하는 보고서에서 핵융합 관련 예산을 전액 삭감해야 한다고 주장했다. 이 사실이 공개되면서 사회적인 이슈가 되었다. 핵융합 관련 예산 삭감의 근거로는 '핵융합은 태양의 현상으로 지구에 태양을 구현하겠다는 목표는 현실적으로 불가능함', '재생 에너지와 수요 관리 기술이 현실화되고 있음' 등을 들고 있다.

이 보고서가 언론에 공개되자 '과학에 대한 무지', '국가 백년대계에 대한 이해 부족', '국제적 감각 부재' 등으로 비판을 받았다. 하지만 핵융합 발전 개발 사업에 대한 비판적인 시각이 우리나라 일부 시민 단체나 과학계 밖에서만 있는 것은 아니다.

미국의 과학 잡지인 『사이언티픽 아메리칸 SCIENTIFIC AMERICAN -2010. 3. 』의 '핵융합의 잘못된 여명 Fusion 's false dawn'이라는 기사와 미국 에너지 전문 매체인 Greentech Media(2019. 10. 28.)의 기사

에도 핵융합 발전에 대한 부정적인 시각이 담겨 있다.

인류 전체의 관점에서 보면 과학의 발전은 필수적이며 정치적인 것과 관계없이 멈추지 않아야 할 것 중에 하나임은 분명하다. 하지만 국가의 예산을 사용하는 문제에 있어서는 고려해야 할 것이 여러 가지가 있다. 예산은 국가를 구성하는 국민 한 사람 한 사람이 내는 세금이며 따라서 한 가지의 가치만을 위해서 예산이 사용되어서는 안 된다. 그래서 예산을 어디에 배분할지를 결정하기 위해서는 의사결정 과정을 통해야 하며, 이는 결국 정치적인 과정이 된다.

현대사회에서 우리가 직면한 문제는 사회와 과학이 상호작용하면서 복합적으로 발생하는 것이 많다. 이처럼 사회 및 생활에서 경험할 수 있으며, 개념적·기술적으로 과학과 관련된 것으로, 과학, 사회, 정치·문화, 경제, 윤리 등과 연결되고 다양한 이해 관계자가 연관되어 있는 문제 또는 상황을 과학 관련 사회적 쟁점socio-scientific issues, 이하 SSI이라고 한다. 핵융합 발전 관련 예산에 얼마를 배분하는지 결정하는 것도 전형적인 SSI이다. SSI 문제를 해결하는 것은 과학적 증거를 바탕으로 토론이 이루어지되, 과학적인 문제만이 아니므로 결론이 하나로 정해져 있는 것이 아니라 합의를 도출하는 과정이다.

이 문제는 결국 민감한 예산 배분에 관한 것이므로 최고의 권위를 가진 공중파 KBC 방송의 '99분 토론'에서 긴급 편성 토론을 열게 되었다.

사회자 —— 최근 우리나라 과학계에서 희소식이 전해졌습니다. 대전에 위치하고 있는 한국핵융합에너지연구원에서 발표했는데요. 한국의 인공태양 '케이스타(KSTAR)'가 핵융합 발전의 최적 온도인 섭씨 1억°C의 초고온 플라스마를 20초 연속 운전하는 데 성공했다고 합니다. 이것은 핵융합 연구계에서 세계 최장의 기록이라고 하는데요. 혹시 모르시는 분을 위해서 말씀드리면 핵융합 발전은 차세대 에너지원으로서 바닷물과 리튬만을 이용하고 발전 과정에서 공해가 거의 없는 꿈의 에너지로 평가받고 있습니다. 우리나라를 비롯하여 중국, EU, 미국, 영국, 일본, 러시아, 인도 등 선진국이 앞다투어 엄청난 연구비를 들이며 개발하고 있다고 합니다. 하지만 이 핵융합 발전에 대한 비판도 만만치 않은데요. 그 이유로 30년 이상 핵융합 발전 개발에 어마어마한 예산이 들어갔고 앞으로도 들어갈 예정임에도 불구하고 성과나 가능성이 부족하다는 것을 들고 있습니다. 이에 저희 99분 토론에서는 '핵융합 발전 연구에 많은 예산을 쓰는 것이 옳은가?'라는 주제로 핵융합 발전 분야 권위자이신 한국대 핵융합학과 최고식 교수님과 대표적인 환경단체인 초록연대의 신혁문 정책위원장님을 모시고 이야기를 나눠 보겠습니다. 먼저, 두 분의 입장을 들어 보도록 하겠습니다.

신혁문 —— 네, 제가 먼저 말씀을 드리도록 하겠습니다. 우선, 최근 한국핵융합에너지연구원의 성과는 매우 높이 평가합니다. 우리나라가 다른 선진국들에 비해서 핵융합 연구에 늦게 참여했음에도 불구하고 이러한 성과를 거둔 것은 무척 대단한 일이고 국민의 한 사람으로서 자랑스럽게 생각합니다. 그럼에도 오늘의 주제는 핵융합 발전의 기술 자체가 아니라 예산 배분에 관한 문제로서 과학적인 성과에 대한 평가와 예산 문제는 다르다고 봅니다. 아무리 학문적인 관점에서 과학적으로 유의미한 성과라고 해도 우리의 삶에 직접적인 영향을 줄 수 없으면 그 중요도는 낮아집니다. 예산 편성의 첫 번째 기준은 투자 대비 효용성이기 때문입니다. 핵융합 발전이 유용한 에너지를 생산하기 위해서는 1억°C의 플라스마 상태가 24시간은 유지되어야 합니다. 그런데 1950년대 핵융합 발전 연구가 시작되고 나서 무려 60년 만에 20초를 성공한 것입니다. 그것도 핵융합에 성공한 것이 아니라 핵융합을 일으키기 위한 온도를 유지하는 데만 그렇습니다. 그동안 투입된 비용은 얼마일까요? 전 세계적으로 계산하기는 어렵겠지만 우리나라만 따져도 2013년부터 매년 1,300억 이상 들어갔고 앞으로 ITER 건설 프로젝트에 들어갈 돈까지 포함하면 어마어마합니다. 지금까지 핵융합 발전이 인류의 에너지 문제를 모두 해결할 꿈의 에너지, 그리고 우리나라를 선진국의 반열에 올려줄 기회라고 포장되어 그 효용성에 대한 검증 없이 무조건적으로 지원되었다고 생각합니다. 그렇게 들어가더라도 성과가 충분하다면 괜찮겠지만, 현재 핵융합 발전이 우리 세대에 유용한 성과를 거두기는 불가능해 보입니다. 이러한 핵융합 발전에 예산을 낭비하는 것보다 지금 우리에게 시급한 지구온난화 문제를 해결할 수 있는 재생에너지에 예산을 쓰는 것이 옳다고 생각합니다.

최고식 —— 신혁문 위원장님의 말씀 잘 들었습니다. 핵융합을 직접 연구하고 있는 학자의 관점에서 전체적인 저의 입장을 말씀드리도록 하겠습니다. 국민의 혈세인 예산에 대한 문제이긴 하지만 과학적인 내용이 핵심을 이루고 있기 때문에 중요한 사항을 짚어야 할 것 같습니다. 우선, 핵융합 발전이 인류의 에너지를 모두 해결할 꿈의 에너지가 아닐 수 있다는 것에는 동의합니다. 하지만 그렇지 않다고 단정할 수도 없습니다. 아직 기술이 초기 단계이지만, 모든 기술이 그렇듯이 시작은 초라해도 나중에 어떻게 발전할지는 알 수 없는 것입니다. 과학의 특성이 그렇습니다. 예를 들어, 뉴턴은 17세기에 머릿속의 가상 실험만으로 중력의 법칙에 따라 지구 둘레를 도는 물체를 생각합니다. 그로부터 무려 400년이 지나서야 우리는 인공위성을 쏘게 되었고, 그것을 정확하게 조종하여 휴대폰 통신도 하고 우주 탐사도 하게 되었습니다. 지금 당장 눈에 보이는 성과가 없다고 해서 과학의 발전을 막는 것은 하나는 알고 둘은 모르는 것입니다. 마이클 패러데이가 자신의 작은 실험실에서 전기를 생산하는 전자기유도를 발견했을 때만 해도 그것으로 세금을 거두리라고는 누구도 상상하지 못했지요. 당시 패러데이에게 전자기유도를 어디에 쓸 수 있냐고 묻자 "언젠가는 세금을 매길 수 있을" 거라고 대답했습니다. 그의 말처럼 지금 우리는 전기요금을 매달 꼬박꼬박내고 있지요! 물론 핵융합 발전은 과거처럼 작은 규모에서 성공시킬 수 없으며 기술적 어려움이 큰 실험이라 많은 예산이 장기적으로 필요합니다. 그래서 국민적 이해와 공감이 중요함을 저도 절실하게 느끼고 있습니다. 저희 같은 과학자들도 오늘과 같은 기회를 통해 대중에게 홍보해야 한다고 생각합니다. 만약 핵융합 발전의 가치와 가능성에 대한 이해가 없는 상태에서 단순히 지금 당장 효용성이 없다는 이유로 예산을 줄인다면 우리의 미래 세대에게 큰 죄를 짓는 일이라고 생각합니다.

주제 1
핵융합 발전이 성공할 가능성은 어느 정도인가

사회자 — 두 분의 의견이 팽팽하군요. 신 위원장님의 경우 핵융합 발전은 거의 성공 가능성이 없다고 하시고 최 교수님께서는 과거의 사례를 들어 핵융합 발전도 긴 시간 동안 투자한다면 충분히 성과를 거둘 수 있다고 주장하십니다. 그렇다면 먼저 '핵융합 발전이 성공할 가능성은 어느 정도인가?'에 대한 분명한 답이 필요할 것 같다는 생각이 듭니다.

최고식 — 이번에는 제가 먼저 말씀드리겠습니다. 먼저, 주제에 대해 지적을 하고 싶은데요. 과학에 대한 투자는 유망한 기업에 투자하는 주식과 같은 것이 아닙니다. 이 토론 질문은 "성공 가능성은 몇 퍼센트입니다"라는 답을 원하는 듯하고 만약 50% 이상이라면 투자하고 50% 이하라면 투자하지 않겠다는 식의 의미를 내포하는 것 같습니다. 그러한 논리대로 과학의 역사가 흘러왔다면 지금과 같은 인류 문명은 이루어지지 못했을 겁니다. 원자력발전에 대해 처음 아이디어를 낸 과학자도 처음에는 비현실적이라는 비판을 받았습니다. 과학자들은 단 1%라도 가능성이 있다면 연구를 합니다. 그것이 유의미한 것이라면요. 게다가 성공했을 때 인류에게 어마어마한 혜택을 가져다줄 수 있는 주제라면 하지 않을 이유가 없지요. 핵융합 발전은 한두 명의 천재들에 의해서 만들어진 단순한 개념이 아닙니다. 1950년대에 제안된 후 수많은 과학자와 공학자에 의해서 이론적 가능성과 어려움이 검토되었고 지금까지 많은 부분에서 발전이 있었습니다. 그리고 국제적인 공조로 구체적인 로드맵을 통해 성공에 대한 확신을 가지고 진행 중인 거대 프로젝트입니다. 선진국 정부들이 검증 없이 예산을 쓰진 않겠죠? 물론 핵융합 발전이 100% 성공하리란 보장은 없습니다. 미래는 알 수 없는 것이기 때문입니다. 가까운 예로 2017년 노벨물리학상을 받은 킵 손(Kip S. Thorne, 1940~현재)의 중력파 탐지 연구도 시작한 지 약 40년 만에 빛을 보았습니다. 핵융합 발전이 지난 30~40년간 성공하지 못했다고 가능성이 전혀 없으니 포기하라는 것은 받아들일 수가 없습니다.

신혁문 — 교수님 말씀 잘 들었습니다. 저도 지금의 인류 문명 혜택을 누릴 수 있게 해 준 과학에 대해 감사함을 느끼고 있습니다. 그리고 과학의 발전에는 불가능하다고 생각되는 것에 끊임없이 도전하는 정신이 중요하다는 것도 잘 알겠습니다. 하지만 우리가 쓸 수 있는 예산은 한계가 있습니다. 현재 우리는 우리 삶에 직접적인 문제를 해결하는 데 쓸 예산도 부족합니다. 잘 아시겠습니다만 지구온난화 문제는 지금 우리 발등에 떨어진 불입니다. 2018년 'IPCC(유엔 산하 기후변화에 관한 정부 간 협의체)' 총회에서 만장일치로 채택된 「지구온난화 1.5℃ 특별보고서」에 따르면 지구의 평균 기온이 1℃ 올라

갈 때마다 옥수수, 쌀, 밀의 생산량은 약 3~7% 이상 감소하며 지구의 상승 온도를 인류생존 한계선인 평균 1.5℃로 맞추려면 오는 2050년까지 탄소 순배출량을 0으로 낮추지 않으면 안 됩니다. 지금의 재생에너지 기술력과 인프라로는 2050년까지 목표를 달성하기가 불가능합니다. 그 이유로 당장 화력 발전소와 원자력 발전소를 문 닫게 할 수 없다는 것은 잘 아실 겁니다. 2050년은 교수님이 말씀하신 국제핵융합 발전프로젝트인 ITER가 성공적으로 가동되어 실증 핵융합로를 가동시킨다고 목표로 삼은 해입니다. 물론 이 목표가 달성될지는 의문입니다만 만약 계획대로 되더라도 그것은 불구덩이에 있는 사람을 구하는 구조선이 아니라 물 한 방울에 지나지 않을 것입니다. 주제가 핵융합 발전의 성공 가능성을 묻는 질문이지만 저도 성공 가능성에 대해 구체적인 수치는 알 수 없습니다. 하지만 정확한 것은 ITER의 계획대로 성공하더라도 이미 우리 인류에게 그것은 성공이 아닐 가능성이 높다는 것입니다.

최고식 — 네, 제가 지구온난화 관련 전문가는 아니지만 저도 심각한 문제라고 생각합니다. 과학이 인류에게 혜택도 주었지만 한편으로는 재앙도 가져다줄 수 있다는 것을 보여 주고 있지요. 하지만 국제에너지기구^{IEA}는 「2020 에너지 기술 전망 보고서」를 발표했는데, 발전부문을 재생에너지로 전환시키는 것은 글로벌 탄소 중립을 위한 기여도가 3분의 1에 불과할 것이라고 지적하였습니다. 위원장님이 말씀하신 재생에너지를 이용한 발전뿐만 아니라 운송, 중공업, 산업, 건물난방 등 전반적인 분야에 대한 배출감소 기술의 개발이 필요함을 촉구하였습니다. 제가 말씀드리고 싶은 부분은 핵융합 발전이 지구온난화 문제를 해결하는 만능키가 된다는 것이 아닙니다. 핵융합 발전을 재생에너지 개발과 경쟁적인 관점에서 볼 필요가 없다는 말씀을 드리고 싶습니다. 과학기술의 발전은 전방위적으로 일어나고 있습니다. 어떤 기술이 우리에게 혜택을 주고 실패할지는 알 수 없습니다. 근시안적으로 행동하는 것은 아랫돌을 빼서 윗돌 고이기가 될 수 있다는 것을 말씀드리는 것입니다. 핵융합 발전 예산을 줄이고 재생에너지 예산을 늘린다고 해서 지구온난화 문제가 해결되리라는 보장도 없다는 말씀을 드립니다. 물론 예산의 합리적인 배분은 중요하고 그러한 합리적인 배분을 위해서 많은 토론이 필요하다는 것에는 동의합니다.

신혁문 — 저도 재생에너지 전문가가 아니지만, 한 가지 확실한 것은 재생에너지가 현재 에너지를 생산하고 있다는 것입니다. 핵융합 발전은 생산하고 있지 않고요. 2021년 처음으로 재생에너지(풍력, 태양광)에 의한 발전량이 화석 연료에 의한 발전량을 추월하여 최대 전력 공급원이 되었습니다. 영국 기후전문 싱크탱크 엠버와 독일 에너지 비영리단체 아고라 에네르기벤데의 공동 보고서에 따르면 풍력과 태양광 발전량은 2015년 이후 5년간 두 배 이상 늘었고, 2020년 EU 국가 발전량의 20%가 양대 에너지원에서 나왔습니다. 반면, 대기오염의 주범인 석탄화력 발전은 20% 감소하면서 2015년의 절반 수준으로 떨어졌습니다. 이는 EU가 적극적인 재생에너지 지원정책을 편 결과입니다. 교수님 말씀대로 EU가 핵융합 발전에 투자할 수 있는 이유는 이미 재생에너지를 높은 수준으로 발전시켜 놓았기 때문이라고 봅니다. 반면, 우리나라는 2022년 현재에도 제1의 전력공급원이 석탄입니다. 이러한 상황에서 무턱대고 선진국을 따라 먼 미래의 기술에 현혹되어 예산을 낭비한다면 그야말로 미래 세대에 죄를 짓는 일이라고 생각합니다.

주제 2
핵융합 발전 연구의 예산에 대한 검증은 충분한가

사회자 — 두 분의 주장이 한 치의 양보도 없이 치열합니다. 이쯤에서 주제를 바꿨으면 합니다. 본격적으로 예산의 적절성에 대한 검증에 대해 얘기해 보겠습니다. 이 부분에 대해서는 신 위원장님이 먼저 하실 말씀이 있을 것 같은데요?

신혁문 — 네, 현재 핵융합 발전 연구에 대한 예산 검증은 부족하다고 생각합니다. 워낙 기술에 대한 정보가 제한적이고 관련 분야에 종사하시는 분들의 인적 구성도 제한적이라 결국 집단 내에서 검증이 이뤄지고 있다고 볼 수밖에 없습니다. 간간이 언론에서 한국 핵융합 기술진의 성과에 대한 자화자찬을 볼 수는 있지만 그것이 국제적으로 어느 정도의 위상을 갖는지 선별적으로 혹은 유리하게 표현하고 있지는 않은지 의심이 가기도 합니다. 특히 신뢰가 가지 않는 부분은 아까 교수님이 말씀하신 연구 개발의 로드맵 부분입니다. 핵융합 연구가 시작된 이후 상용화 단계의 목표 연도는 계속적으로 증가하고 있습니다. 기사를 찾아보면 아시겠습니다만 처음에는 2020년대였다가 2030년대, 그리고 2040년대, 지금은 2050년으로 잡고 있지요. 이렇게 자꾸 변하는 로드맵을 누가 신뢰할 수 있겠습니까? 그리고 우리나라가 ITER 프로젝트에 처음 참여할 2007년 국회에 '국제 열핵융합 실험로 협정' 비준안이 통과되었고 당시 우리가 부담하게 될 예산은 1조 5,000억 원이었습니다. 대략 국가 전체 기초연구비의 약 8%가 하나의 프로젝트에 투자되는 것이었습니다. 과연 그럴 만한 가치가 있는지 검증이 필요합니다. 이러한 검증은 국내 연구자들만으로는 부족합니다. 공신력이 있는 외국의 전문가를 초빙해서라도 합리적이고 투명한 검증과정을 거쳐야 한다고 생각합니다.

최고식 ── 핵융합 발전의 로드맵이 역사적으로 많이 변해 왔고 앞으로 또 변할 가능성이 높다는 것은 인정합니다. 그 이유는 아시다시피 많은 국가가 공조해서 하는 프로젝트라서 해당 국가 내 정치적인 상황의 영향을 받아 일반적인 과학기술 발전과정과는 달리 역사적인 부침을 겪었습니다. 그 점을 감안해 주시기 바라고요. 학문적인 관점에서는 핵융합 분야가 오히려 다른 분야에 비해 빠른 속도로 발전하고 있다고 생각합니다. 이제까지 많은 기술적 난제가 해결되었고 아직 해결하지 못한 문제들도 충분히 해결될 수 있다고 예상합니다. 다른 특별한 사태가 벌어지지 않고 지금과 같이 프로젝트가 진행된다면 2035년경에는 상용화 단계는 아니더라도 실제로 핵융합에 의해 에너지가 생산되는 것을 볼 수 있을 거라고 생각합니다.

검증 부분에 있어서는 핵융합 기술을 여러 국가가 공조하여 함께 연구하며 많은 정보를 공유하고는 있습니다만 핵심적인 기술에 있어서는 절대로 비밀을 지킵니다. 그만큼 핵융합 기술이 나라의 국운과 직결된 기술이기 때문입니다. 예산 배분을 위한 검증 작업을 더욱 합리적이고 투명하게 하는 데에는 저도 동의를 합니다만, 연구에 참여하는 과학자들이 학자적 양심을 저버리고 거짓을 주장하지는 않습니다. 그 부분은 믿어 주시면 감사하겠습니다.

신혁문 ── 개별 과학자들의 학자적 양심을 의심하고자 하는 것은 아닙니다. 예산을 검증하고 결정하는 것은 개별 과학자가 아니라 시스템이어야 합니다. 개별 과학자가 아무리 양심적으로 행동한다고 해도, 시스템이 합리적이지 않으면 결국 정책의 방향은 비합리적으로 결정될 가능성이 높습니다. 현재 우리나라 과학 예산은 원자력 및 핵융합 연구에 경도되어 있다고 생각합니다. 그 역사는 50년대 국가적으로 원자력 발전을 집중 발전시켰던 역사와 관련이 있고, 현재 원자력과 관련된 다양한 이익집단이 매우 비대해져 있는 상황입니다. 지금이라도 과학 예산에 대해 객관적 검증을 담당할 시스템을 마련해야 합니다. 그리고 그 예산 배분에는 '경제성'을 가장 앞에 두어야 합니다. 2016년 에너지경제연구원의 「핵융합 발전의 사회적 인식 분석」에 따르면 "Ward와 같은 학자는 2050년 핵융합 발전의 경제성이 가스 발전보다 높고 태양광에 비해서 매우 높다는 결론을 제시하였지만, 현시점에서 재평가하면 가스나 태양광에 비해 결코 경제성이 좋다고 말할 수 없다. 핵융합 발전 비용을 현시점으로 환산한 것과 IEA/NEA에서 추산한 에너지원별 발전비용을 비교해 본 결과, 핵융합의 추정 발전비용은 태양광 발전비용과 비슷한 수준 이며, 그 외의 가스, 석탄 등 화석 연료와 원자력(핵분열) 발전, 육상 풍력의 발전비용에 비해서는 높은 수준인 것으로 나타났다"라고 되어 있습니다. 즉, 2050년이 되어서도 현재 태양광의 경제성보다 못하다는 이야기입니다.

최고식 ── 네, 그 보고서에 대해서 잘 알고 있습니다. 신 위원장님께서 인용하신 같은 자료의 결론에 이런 내용도 있습니다. "미래 핵융합 발전의 기술이 발달하여 경제성도 좋아질 것으로 전망되지만, 타 에너지원 역시 꾸준한 기술발전이 이루어질 것이기 때문에, 핵융합 발전의 경제성이 언제쯤 상대적으로 우위에 올라올지는 장담할 수 없다. 핵융합 발전의 비용이 높은 이유로 비싼 건설비용이 손꼽히는데, 이 부분의 기술혁신이 얼마나 빠르게 이루어질지 지켜볼 일이다." 즉, 현재 핵융합 발전 비용이 높은 이유는 한 번도 해 보지 않았던 발전방법을 시도하기 때문에 '건설' 영역에 비용이 많이 들고 있다는 뜻입니다. 이 부분은 다른 발전 방식처럼 규모의 경제가 적용되면 급격하게 떨어지는 비용입니다. 즉, 핵융합 발전이 본궤도에 올라서면, 경제성은 다른 에너지원보다 비약적으로 높아질 것입니다. 따라서 '경제성'을 단순히 현재의 기준으로만 판단해서는 안 되는 것이죠.

핵융합 발전 연구의 예산은 얼마가 적정한가

사회자 — 두 분이 동일하게 '경제성'을 언급하셨는데, 그 의미는 많은 차이가 있는 것 같습니다. 그렇다면 이 부분을 더 구체적으로 논의해 보는 것은 어떨까요? 핵융합 발전 연구의 예산은 얼마가 적정할까요? 아마도 전체 과학기술연구 예산 대비 비교를 해야겠지요? 참고로 2021년 정부 연구개발R&D 총 예산은 27조 4천억 원이었습니다. 2020년에 비해서 13.14% 증가한 수치이며 계속 증가하고 있습니다. 이 중에 과학기술부가 주관하는 연구 개발 총 예산은 4조 6,061억 원입니다. 핵융합 발전 예산은 과학기술부 주관이지요?

최고식 — 네, 맞습니다. 2021년 기준으로 '핵융합 연구개발 사업비 (ITER 등 세 개)'는 720억입니다. 정부 전체 연구개발비가 아니라 과학기술부 주관 연구개발비 대비 비율을 봐도 2%도 되지 않습니다. 이것이 진정 혈세 낭비인가요? 저희의 국력과 과학기술력을 고려해 볼 때 이것은 절대 큰 비용이 아니라고 생각합니다. 이에 반해 신재생에너지 쪽은 과학기술부뿐만 아니라 환경부, 산업부 등 다른 정부 부처에서 어마어마한 예산을 들이고 있습니다. 2021년 예산 기준으로 태양광, 풍력 등 신재생에너지 관련에 2천 7백억가량 투자되었습니다.

신혁문 — 저도 2021년 예산안을 살펴보았는데요, 신재생에너지 관련 예산 2천 7백 10억 원 중 신재생에너지 금융지원에만 1,865억 원이

들어가고요, 핵심기술 개발 예산은 200억 원에 불과합니다. 이는 신재생에너지 보급지원비라든지 실증연구 등의 금액이 포함된 예산입니다. 그리고 실제 전기가 생산되고 있는 신재생에너지 부문은 그것을 운용하고 보급하는 데 핵융합 발전보다 많은 예산이 들어가는 것은 당연합니다.

최고식 —— 그렇게 따진다면 '핵융합 연구개발 사업비'도 마찬가지입니다. 말 그대로 '사업비'이기 때문에 세부적으로 들어가면 순수 연구개발비로 들어가는 부분은 훨씬 적습니다. 신 위원장님께서 말씀하신 논리를 그대로 적용하여, 핵융합 발전은 아직 전기가 생산되고 있지 않으므로 순수 연구개발비로 신재생에너지에 비해서 더 들어가는 것은 너무나 자연스럽습니다. 말씀하신 순수연구 개발비로만 비교해 봐도 신재생에너지는 200억, 핵융합 연구개발 사업비는 720억으로 520억 정도밖에 차이 나지 않습니다. 전체 우리나라 연구개발비를 비교해 볼 때 이것은 절대 많이 들어가고 있는 것이 아니라고 생각합니다. 함께 핵융합 발전 연구를 하고 있는 영국, 미국, 일본 등 다른 나라와 비교해 볼 때 우리나라는 국력에 비해서 오히려 적지 않나 생각이 들 정도입니다.

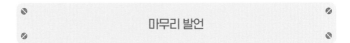

마무리 발언

사회자 —— 아쉽게도 시간이 거의 다 되었습니다. 제한된 시간 동안 두 분의 의견만으로는 해결하기 어려운 주제까지 다룬 것이 아닌가 생각이 들기도 합니다만, 다양한 말씀을 통해 이 주제에 대해 심도 있고 균형 있는 이해를 얻는 시간이 된 것 같습니다. 개인적으로 국민의 입장에서 두 분의 의견이 모두 타당하게 들리기도 하는데 판단은 역시 예산의 주인이신 국민들에게 맡겨야겠습니다. 짧게 마무리 발언 부탁드립니다.

신혁문 ─ 서로 격론을 벌였지만 오늘 최 교수님께 배운 점도 많았습니다. 핵융합 기술의 특수성에 대해 배우는 기회가 되었고 특히 과학 연구만 하는 과학자 집단이 아닌 대중을 설득하기 위해 노력하는 과학자를 만나게 된 것 같아서 개인적으로 기뻤습니다. 앞으로 더 자주 만나 핵융합 발전의 예산 배분에 대해 의견을 나누었으면 좋겠습니다.

최고식 ─ 저도 신 위원장님을 통해 과학계 밖에서 핵융합 발전에 대해 어떻게 바라보는지 알게 되는 계기가 되었고, 앞으로 더욱 대중과 소통하고 핵융합을 알리기 위해 노력해야겠다는 생각을 했습니다. 특히 검증 과정을 더욱 합리적이고 투명하게 하자는 의견을 적극적으로 반영하도록 노력하겠습니다.

사회자 ─ 오늘 '핵융합 발전 연구에 많은 예산을 쓰는 것이 옳은가?'에 대한 토론을 끝까지 지켜봐 주셔서 감사합니다. 역시 인류의 미래와 직결되는 문제라 훨씬 열띤 토론의 시간이 되었다고 생각합니다. 앞으로 과학에 관한 다양한 주제에 대해 토론이 진행될 예정이니 계속해서 관심 가져 주시기를 바라며 오늘 토론 마치도록 하겠습니다.

태양에서 핵융합이 잘 일어나는 이유

태양은 지구에 사는 생명체에게 에너지를 공급하는 원천이다. 땅속 깊은 곳이나 심해에 사는 일부 생명체를 제외하고 대부분의 생명체는 태양에너지를 이용해서 살아간다. 식물은 광합성을 통해서 태양에너지를 화학에너지인 영양소로 바꾸어 사용하며 뿌리나 줄기, 잎 그리고 열매 등에 저장한다. 그런 식물을 초식동물이 먹고 육식동물은 그 초식동물을 잡아먹고 살아가므로 결국 모든 생물은 태양에너지로 사는 것이다. 또 우리가 쓰는 화석연료인 석탄과 석유도 고대에 살았던 생물들의

▲ 어마어마한 에너지를 생산하는 태양은 대부분 수소와 헬륨으로 이루어져 있다.

유해이므로 결국에는 화석에너지도 태양에너지로부터 왔다고 할 수 있다. 태양은 현재 초당 약 3.9×10^{28} J에 해당하는 에너지를 생산하는데 이는 핵폭탄 약 천 조(10^{15})개에 해당하는 에너지이다. 이렇게 어마어마한 에너지를 생산하는 태양은 대부분 수소와 헬륨으로 이루어져 있다. 태양 내부에서 수소 원자핵이 서로 핵융합하여 헬륨으로 바뀌는 핵융합 과정을 통해 에너지가 발생하는 것이다. 그런데 수소 원자핵은 전기적으로 '+'를 띠므로 서로 밀쳐 내는 전기력으로 인해서 융합하기가 어려울 텐데 어떻게 융합하게 될까? 그 비밀은 바로 어마어마한 태양의 질량에 의해 발생하는 중력에 있다. 태양의 엄청난 질량으로 인해 강한 중력이 작용하고 그 중력으로 인해 전기력을 이겨 내고 핵융합 반응을 할 수 있게 되는 것이다.

핵융합 발전 연구에
많은 예산을 쓰는 것이 옳은가

1. 다음 핵융합 발전에 대한 토론 내용을 보고, 각 주장에 관한 근거를 정리해 적어 보세요.

핵융합 발전 연구에 많은 예산을 쓰는 것이 옳은가?		
	긍정적이다	부정적이다
핵융합 발전이 성공할 가능성은 어느 정도인가?	핵융합 발전은 성공할 것이다. 근거 :	핵융합은 성공 가능성이 거의 없다. 근거 :
핵융합 발전 연구의 예산에 대한 검증은 충분한가?	핵융합 발전 연구에 대한 예산의 경제성을 현재의 기준으로 판단해서는 안 된다. 근거 :	핵융합 발전 연구에 대한 예산 검증이 부족하다. 근거 :

2. 핵융합 발전과 첨단과학에 관한 자신의 생각을 적어 보세요.

▲ 에드바르 뭉크(1863~1944년), 「태양 1」, 1911~1916년. 바다 위로 솟는 거대한 태양광선이 뿜어내는 강력한 생명력을 느낄 수 있는 작품이다. 태양의 힘이 느껴지는 이 작품에서 태양의 핵융합이 떠오르는 이유는 무엇일까?

· 쟁점 3 ·

자연과 모형

— 뉴턴의 운동 법칙은 애당초 틀린 것 아닐까

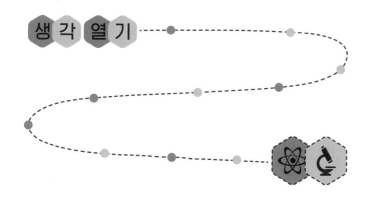

어디선가 들었습니다. 뉴턴의 운동 법칙으로 설명되지 않는 현상이 발견됐고, 패러다임의 전환으로 이어졌다고. 역시 과학의 매력은 자연이라는 절대적 기준 앞에 권위자도 언제든 무너질 수 있다는 것 아닐까요? 흡족해하며 그 정도 옛날 일쯤이야 4차 산업혁명이 일어나고 있는 최첨단 시대에 과학실에서 쉽게 재현해 볼 수 있겠지 하며 선생님께 점심시간에 과학실 사용을 허락받았습니다. 실험의 기본부터 익혀 보자는 마음에 교과서를 뒤져 용수철의 단진동[1] 실험을 골랐습니다. 교과서에 나오는 용수철은 압축도 되는 것 같은데 과학실 용수철은 늘어나기만 했습니다. 어쨌든 스탠드에 용수철을 고정시키고 휴대폰을 매달아 살짝 당긴 후 놓았습니다. 10번 진동할 때 걸리는 시간을 반복 측정하고 평균을 구하는 세심함까지 갖췄습니다. 뉴턴의 방법을 적용하면 용수철의 진동주기는 $T = 2\pi\sqrt{\dfrac{m}{k}}$ 으로, 여기에 휴대폰의 질량 m과 용수철 상수 k를 대입하면 되며,

단진동이란 단순조화운동이라고도 불리며, 물체의 운동이 시간에 대한 정현함수로 포함되는 운동을 말한다.

▲ 단진동 실험

이 값들은 제조사를 믿어 의심치 않기로 했습니다. 우리 사회에 그 정도 신뢰는 있어야 할 것 같아서요. 그러면 내가 측정한 값이 뾰로롱 튀어나올 것이고, 나는 역시 뉴느님 하면서 무릎을 탁 칠 계획이었습니다.

유레카. 우연한 발견이 과학의 발전을 이끄는 경우들이 있다고 했던가요. 실험값과 이론값이 같으리란 나의 예상은 운 좋게 빗나갔고, 전환의 시대에 과학자들이 맛보았을 희열을 만끽하게 되었습니다. 역사의 한 장면이 이렇게 지나갔구나. 두근대는 마음을 가라앉히고 쿨함을 놓치지 않기 위해 담담한 말투로 사진에 설명을 덧붙여 선생님께 톡을 드렸습니다. "선생님, 제가 뉴턴이 틀렸음을 증명했습니다." 선생님의 답은 단순명료했지요. "응, 아니야."

선생님은 변인 통제가 되지 않았다는 둥 물체의 크기, 마찰과 공기 저항 등의 요소들을 고려하지 않았다는 둥 여러 가지를 지적해 주셨습니다. 기쁨이 절망으로 바뀌는 중에 들은 이야기라 무슨 말씀을 하시는지 잘 이해할 순 없었으나, 분명한 건 선생님께서 내세우신 논리는 위대한 과학자의 권위에 호소하는 것처럼 느껴졌습니다. 뉴턴이 틀릴 리 없다고 가정하시고 끼워 맞추시는 것 같았죠. 이런 식으로 빠져나간다면 뉴턴은

교과서 토론 | 과학

틀릴 가능성이 없어 보입니다. 무슨 실험을 하건 선생님처럼 "응, 아니야. 변인 통제가 안 됐네, 그리고 빠뜨린 요소도 있네"라고 하면 되는 것 아닌가요? 첨단과학기술이 녹아 있는 스마트폰을 이용해서 시간을 측정하고 주기도 계산했는데 무엇이 문제였을까요. 뉴턴의 운동 법칙은 일상의 운동만큼은 잘 설명할 수 있다고 하는데 이렇게 간단한 실험조차 정확히 설명하지 못하는 이 법칙 아닌 법칙을 틀렸다고 보지 않는 이유는 무엇일까요? 의문은 꼬리에 꼬리를 물었고, 처음으로 돌아가 다시 질문하기로 했습니다. 그렇다면 정확히 어떤 지점을 가지고 과학자들은 뉴턴 이론의 한계를 지적하는 것일까요? 저의 즐거운 반항은 이렇게 시작되었습니다.

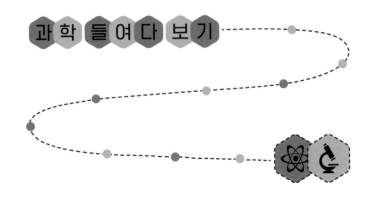

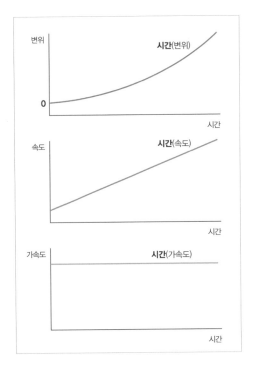

▲ 자유낙하 운동의 시간에 따른 변위, 속도, 가속도 그래프

자연은 시공간이라는 무대의 기본입자와 그들 간의 상호작용으로 이루어져 있습니다. 쪼개지지 않았어야 할 이름의 원자(atom의 어원)는 다시 전자와 핵으로 구성되며, 핵은 다시 쿼크가 세 개씩 모인 양성자와 중성자로 구성됩니다. 여기서 쿼크, 전자는 내부구조를 가지지 않으므로 기본입자로 분류되지요. 모든 물질은 원자로 이루어져 있다고 하니 생명현상, 사회현상을 포함한 세상 모든 일은 몇 가지 재료가 버무려져 일어나는 일에 불과하다는 생각까지 듭니다. 역시 물리학은 위대하다

감탄하며, 세상의 이치를 깨달은 느낌마저 듭니다. 현재 입자들의 상태를 안다면 그들의 상호작용 결과인 우주의 미래는 예측 가능하며, 현재는 과거의 미래이니 과거 또한 알아낼 수 있을 것입니다. 이쯤 되면 세상 모든 일은 이미 결정되어 있어 새해 '노담(담배 안 피움)'의 결연한 의지들은 태어날 때부터 작심삼일의 초라한 운명이었나 싶습니다. 경우의 수를 배울 때 허구한 날 동전이나 주사위를 던졌듯 고전역학에서는 네모난 상자를 빗면에 놓았다 도르래에 걸었다 합니다. 물론 무언가 던질 땐 동그란 물체여야 하지만, 이렇게 우리는 한동안 내부구조 없는 물체의 과거, 현재, 미래를 공부합니다.

역학mechanics은 운동motion을 설명하는 학문이며, 운동은 물체의 시간에 따른 위치의 변화입니다. 역학은 운동학kinematics과 동역학dynamics으로 이루어져 있는데, 교과서 차례로 본다면 '여러 가지 물체의 운동'이 운동학, 뒤를 잇는 '뉴턴의 운동 법칙'이 동역학입니다. 운동학은 운동을 기술description하는 학문으로, 자연을 노트에 옮기는 표상representation의 과정입니다. 미술은 그리거나 그리지 않음으로써 자연을 표상할 것이고, 표상된 자연은 컴퓨터 코드로 구현되어 그 작동원리가 밝혀지기도 합니다. 고전역학의 관심사는 물체의 운동이므로 원점과 이를 기준으로 한 물체의 위치를 나타내는 것에서 시작합니다. 그리고 위치가 시간에 따라 어떻게 바뀌는지가 중요합니다. 이를 위해 속도와 가속도를 정의하며, 가속도는 다음 순간의 속도를, 속도는 다음

미분이란 어떤 운동이나 함
수의 순간적인 움직임을 서
술하는 방법을 말한다.

순간의 위치를 결정합니다. 뉴턴과 라이프니츠는 시간에 따른
변화를 기술하기 위한 언어인 미분[2]의 개념을 만들었고, 화살
표는 이러한 운동을 표현하기에 유용한 도구입니다.

운동은 수학적으로 기술되어야 그래프, 관계식 등의 규칙
성을 발견하기 쉬우며 정량적이지 않은 과학은 헛소리로 무장
하여 사람들은 현혹하곤 합니다. 관찰의 이론 의존성이 있지
만 우리가 다루는 물체의 운동학에 대해서 사람들은 대체로 동
의할 것입니다. 하지만 같은 현상을 보고도 다른 해석을 내놓
는 일은 과학에서도 일어납니다. 동역학은 현상의 원인을 탐구
하며, 때로는 규칙성이 없어 보이는 현상들마저 새로운 개념
을 도입하거나 필요한 수학을 개발하여 설명합니다. 이는 자연
을 자세히 바라본다고 발견되지 않습니다. 힘, 에너지가 대표적
인 예죠. 운동하는 물체에 현미경을 들이댄들 $\frac{1}{2}mv^2$이 떠오르
진 않습니다. 운동학 뒤에 딱 달라붙어 있는 뉴턴 운동 법칙 단
원이 뉴턴만이 운동학을 설명하는 유일한 체계라 오해하게 만
들곤 합니다. 하지만 그렇지 않습니다. 수학적으로 아름다우며
이후 물리학에도 확장성이 좋으나 변분법, 편미분이라는 벽에
일반물리에서도 등장을 꺼리시는 운동계의 어르신들이 계십니
다. 또 뉴턴이 역사적으로 앞서며 힘 개념이 더 직관적이고, 뉴
턴만으로도 많은 현상을 커버하기 때문입니다.

고전역학이란 너무 어려워서 고전하게 된다는 의미의 고전
이 아닙니다. 고전classical의 반대말은 현대modern이며, 현대 물리

▲ 뉴턴(Newton, 1642~1727)　　　▲ 라그랑주(Lagrange, 1736~1813)　　　▲ 해밀턴(Hamilton, 1805~1865)

는 20세기 초 상대성 이론과 양자역학을 시작점으로 합니다. 이 두 체계가 정립되기 전인 20세기 초만 해도 고전역학이 유일한 역학이라 여겨졌습니다. 고전역학은 뉴턴Newton, 1642~1727, 라그랑주Lagrange, 1736~1813, 해밀턴Hamilton, 1805~1865, 이 세 명의 위대한 과학자로 대변됩니다.

하지만 같은 현상을 바라본 그들의 설명 방식은 모두 다릅니다. 뉴턴이 '힘'으로 현상을 설명한 데 반해 나머지 두 학자는 '에너지' 개념으로 접근하며 심지어 자연의 운행 원리가 어떤 값을 최소로 하는 목적을 가진 것처럼 봅니다.

뉴턴의 일상은 우리와 다릅니다. 뉴턴이 역학 체계를 만들 때 바라보던 세상은 그리 작지도 충분히 빠르지도 않았습니다. 자연을 바라보는 철학적 깊이는 뉴턴을 따라가기 힘들지 모르지만, 우리가 뉴턴보다 더 넓은 세상을 바라볼 수 있게 된 것은

▲ 천체 망원경의 발달로 더 먼 과거의 모습을 볼 수
있게 되었다.

'본다'는 의미를 확장시켜 온 과학기술의 발전 덕입니다. 전자 현미경의 발달로 원자 수준의 작은 세계를 볼 수 있게 되었고 천체 망원경의 발달로 더 먼 과거의 모습을 볼 수 있게 되었습니다. 더 많은 것을 볼 수 있게 됨으로써 더 많이 모른다는 것을 매번 깨닫고 있습니다. 뉴턴 설명의 한계를 알게 된 것도 인류가 그만큼 시야가 넓어졌음을 의미합니다. 이렇게 계속 과학이 발전한다면 지금 옳다고 여기는 이론들도 언젠가 한계를 드러내지 않을까요? 그렇다면 진리라 믿었던 과학은 진리가 아닌 것 같고 확증이 애당초 불가능한 과학의 가치는 어디서 찾아야 하는 것일까요?

뉴턴의 운동 법칙은 애당초
틀린 것 아닐까

현유는 복도에서 선생님과 마주쳤다. 현유는 권력에 굴복하지 않을 태세로 투사의 눈빛을 하고 있지만, 흐뭇하게 바라보는 선생님의 얼굴에는 즐거움이 가득해 보인다.

선생님 — 우리 현유가 물리를 좋아하고 문제도 곧잘 푸는 건 알았는데 과학철학의 영역까지 관심을 넓히다니 대단한걸. 그래, 단진동 실험에 대해서 조금 더 설명해 줄래?

현유 — 선생님 말씀을 듣고 한참을 멍해 있다가 이내 의문이 꼬리에 꼬리를 물었어요. 유튜브에서 이것저것 찾아보기도 하면서요. 그러다가 브라이언 콕스[Brian Cox]라는 물리학자가 커다란 진공 챔버에서 깃털과 볼링공을 낙하시키는 실험 동영상[3]을 보게 되었어요. 뉴턴이 일상을 잘 설명한다고 했지만, 실험을 진행한 과학자들이 동시에 떨어지는 두 물체를 보며 그렇게 행복해하고 감탄하는 이유는 결국 일상에는 존재하지 않는 인위적으로 철저히 통제된 상황에서만 뉴턴의 이론이 실험에 부합하기 때문 아닌가요?

3
https://www.youtube.
com/watch?v=E43-
CfukEgs&t=118s

선생님 — 좋은 지적이구나. 보통은 배우는 내용도 흡수하기 버거워 의문을 갖기 어려운데 역시 우리 현유는 다르네. 네가 말한 것처럼 물리학 공부를 할 때 세상에 존재하지 않는 것들을 다룰 때가 많지. 시험 문제들을 보면 수많은 단서가 달려 있지. 가장 흔한 게 공기 저항과 마찰은 무시한다. 물체의 크기는 고려하지 않는다는 둥. 수능에서도 매년 더 길어지는 것 같고. 선생님도 너희가 똑똑해질수록 단서를 하나둘 다는 게 얼마나 고되던지.

현유 — 그러니까요, 선생님. 문제 속에서는 공기 저항과 마찰을 무시하라고 하지만 결국 물리를 공부하는 학생들의 저항은 부딪히고 마찰을 겪고 있는 게 문제였어요. 단도직입적으로 여쭤보면, 물리학은 왜 곧장 세상에 실제 존재하는 물체들을 다루지 않나요?

선생님 — 워워~ 진정하고 단편적인 답으로 끝내기보다 우리가 지금껏 과학에서 공부했던 것들을 돌아보며 얘기해 보는 게 좋을 것 같아. 과학실로 자리를 옮겨 이야기를 이어가 볼까?

> **주제1**
> **세상에 존재하지 않거나 존재가 증명되지 않은 대상을 가정하여 현상을 설명하려는 시도를 과학이라 할 수 있는가**

과학실에는 실험도우미 희현이가 실험계획서를 작성하고 있다.

희현 ── 선생님, 안녕하세요? 다음 주 발제를 맡은 단열팽창 예비실험 중이었어요. 거시적인 변수인 압력, 부피, 온도를 통계적인 기법과 함께 입자들의 움직임으로 설명할 수 있다는 게 너무나 흥미로워요.

선생님 ── 희현이가 통계역학의 매력에 빠져 버린 것 같구나. 현유와 단진동 실험에 대해 이야기하고 있었는데 함께하지 않을래? 오늘 대화의 주제가 열 및 통계역학과도 관련이 있으니 말이야. 현유가 얘기한 자유낙하부터 이야기해 보자. 과학탐구실험 시간에 시간기록계로 중력 가속도 측정했던 것 기억나니?

현유 ── 실험은 보통 바구니에 놓여 있는 재료로 했었는데 자유낙하 실험에서는 저희가 직접 자유낙하에 알맞은 재료들부터 고르느라 고심했던 게 기억나요. 물체에 중력만 작용하는 상황을 자유낙하라고 하셨는데 실험실에서 공기저항이나 마찰을 없앨 수는 없으니 이런 힘들이 낙하하는 물체에 끼치는 영향이 상대적으로 작게끔 질량은 크지만 사이즈는 작은 쇠구슬을 사용하는 게 적합했어요.

희현 ── 우리가 이론을 전개할 때 가정했던 상황과 최대한 비슷하게 만들려고 했었지. 몸에 맞는 옷이 아니라 옷에 맞는 몸을 만드는 것처럼 주객전도되어 자연을 이론에 끼워 맞추는 것 같았어. 단진동 실험에서도 1차원상에서 운동하도록 주의를 기울여 용수철을 당겼잖아.

선생님 ── 크기가 없는 점입자, 모양이 변하지 않고 병진 및 회전운동만 하는 강체는 운동을 설명하기 위한 하나의 모형model인 셈이지. 중력만 작용하는 경우에 비스듬히 던져진 물체는 포물선 운동을 하겠지.

하지만 물체의 크기와 모양, 재질 등을 고려한다면 모두 공기저항, 스핀으로 인한 마그누스 효과에 제각각 반응하며 날아갈 거야. 물리학의 접근 방법은 이 모든 현상의 공통되는 핵심만을 우선 추려내고 현실에 맞추어 다른 요소들을 하나씩 고려해 나가는 것이지.

희현 —— 선생님 말씀을 제가 좋아하는 배드민턴에 적용한다면 포물선 운동을 하는 점 입자에 크기와 모양 등 배드민턴 셔틀콕의 특성을 조금씩 가미하여 현실과 닮게 모형을 수정해 나가는 식이라는 거죠?

현유 —— 물리학이 현실과 동떨어져 있다는 느낌을 여전히 버릴 수 없어요. 뉴턴 운동 법칙으로는 운동장에 날리고 있는 민들레 씨의 운동도 설명하기 힘든걸요. 민들레 씨 같은 복잡한 물체의 운동도 점 입자만을 다루던 우리가 과연 설명할 수 있을까요?

선생님 —— 처음부터 셔틀콕, 민들레 씨의 운동을 탐구한다면 그 결론이 다른 물체의 운동에 일반화되긴 어려울 거야. 점 입자, 강체 같은 이상화된 물체는 다양한 물체에 확장이 가능한 설명력을 가진다고도 볼 수 있지. 간단한 운동방정식으로 수많은 상황을 설명할 수 있다는 것. 그것이 물리가 가진 매력이지.

희현 —— 선생님 말씀을 들으니 물리학으로 모든 현상을 설명할 수 있을 것 같다는 생각이 들어요. 가장 근본적인 법칙만 알면 모든 문제는 저절로 해결될 것만 같아요.

현유 —— 이런 식의 접근이 환원주의 아닌가요? 저는 물리는 자신 있지만 화학, 생명과학은 따라가기 어려워요. 제 상황만 봐도 희현이의 생각은 그저 물리학자들의 희망사항 정도로 느껴지는걸요.

선생님 —— 그러면 이상기체로 열역학 과정, 열기관을 설명하는 건 어떤 것 같아? 이상기체처럼 상호작용하지 않는 기체는 세상에 존재하지 않잖아. 그렇기에 이상기체는 상전이도 일어날 수 없는걸.

희현 —— 이상기체도 점 입자 같은 모형 아닌가요? 설명하고자 하는 현상을 겨냥하여 항을 추가하며 수정해 나간다고 생각한다면 받아들일 수 있어요. 이렇게 자연에 존재하진 않지만 이를 이용하여 자연 현상을 설명하는 것 또한 과학이란 말씀이시죠?

현유 —— 모형이라고 하시니 작년에 선생님께서 수업 때 말씀하셨던 게 기억나요. 살짝 충격이었달까. 원자 모형을 공부할 때 그렇게 말씀하셨잖아요. 원자는 그렇게 생기지 않았다고. 지금 생각해 보면 원자는 우리 눈에 보이지 않을 정도로 작으니 당연한 얘긴데 저는 실재와 모형을 헷갈렸던 것 같아요.

선생님 —— 이상기체 또한 우리가 다루는 열역학 과정을 설명하기에는 더 이상 뺄 것도 더할 것도 없는 좋은 모형이지. 지금이야 원자의 존재를 직접 관찰할 수 있지만 원자가 하나의 가정이었던 마흐의 과학 철학이 지배하던 시절에는 존재하지 않는 대상을 가정하는 건 과학이 아니라는 견해가 지배적이었어. 원자의 존재를 가정하여 이론을 전개했던 볼츠만의 자살[4]과도 관련이 있지. 기저에 깔린 철학이 바뀌면서 과학이 무엇인지를 새롭게 정의하며 과학도 발전하지.

희현 —— 과학의 정의가 바뀔 수 있다는 말씀인가요? 저는 과학이 절대적이고 객관적인 기준을 가지고 있다고 생각했어요. 그게 다른 학문과 과학의 차이점이자 과학을 진리로 볼 수 있는 근거라고 여겼어요.

원자의 존재를 강력하게 부인하던 마흐(1838~1916)는 볼츠만의 통계역학을 끈질기게 비판했으며, 이 과정에서 볼츠만은 심각한 학문적 고립 상태에 빠졌다.

이론의 기본 요소가 점이 아니라 길이가 있는 끈인 경우를 다루는 물리학 이론으로, 끈이 시공간에서 어떻게 움직이며 어떻게 상호작용하는지 기술한다.

현유 —— 현미경, 망원경과 같은 과학기술의 발달로 기존에 보지 못했던 세상의 모습을 보게 된다면 우리의 인식이 확장될 테고 기존 과학에 수정이 요구될 것 같다는 생각이 들긴 해요. 유튜브를 보다가 끈이론string theory[5] 관련 영상을 보게 되었는데 끈이라는 대상을 가정하여 관측 가능한 자연현상을 설명할 수 있다면 끈의 존재가 밝혀질지 아닐지는 중요한 게 아닌 거죠?

희현 —— 가정이 현상을 설명했다고 해도 인과적으로 그 대상의 존재를 밝힌 건 아니지 않나요? 그래도 원자처럼 언젠가는 존재가 밝혀져야 과학인 거 아닌가요?

선생님 —— 너희가 생각하는 다른 학문과 대비하여 과학만이 가지는 특징인 과학의 본성nature of science에 대해 조사하여 발표해 줄 수 있겠니?

주제 2

뉴턴 운동 법칙이 틀렸다고 하는데 여전히 법칙이라 할 수 있는가?
물리 법칙에 예외가 허용될 수 있는가

현유 —— 저는 사실 이미 뉴턴이 틀렸다고 생각하지만 선생님 말씀을 이해하고 넘어가 보도록 노력해 볼게요. 그렇다면 어떤 의미에서 뉴턴의 법칙이 틀렸다고 볼 수 있는 건가요? 이미 일상도 잘 설명하지 못하는 것 같지만 그것 말고 또 어떤 현상들을 설명하지 못하는 건가요?

희현 — 법칙인데 예외가 있어도 된다는 말씀이세요? 그러면 법칙이라고 부르지 않아야 하는 것 아닌가요? 다른 학문은 몰라도 과학만큼은 예외가 없어야 한다고 생각해요. 저는 현재 상태를 완벽히 안다면 미래는 결정되어 있다고 생각했어요. 제 생각도 결국 원자들의 운동일 테고 자연을 지배하는 법칙에 따라 다음 위치가 결정될 테고 다음 순간 제가 어떻게 생각하는지 결정된다고 생각했어요. 그게 인류의 숙명 아닌가요?

선생님 — 결론부터 말하자면 그렇지 않단다. 뉴턴의 한계는 빠르고 무거운 세상과 작은 세상을 설명할 때 드러났지. 빠르다는 의미는 빛의 속력과 비견될 수 있어야 하고 작은 세상은 원자나 분자 정도가 되어야지. 전자는 아인슈타인의 상대성 이론으로 이어졌고, 후자는 보어, 슈뢰딩거, 하이젠베르크 등 여러 과학자에 의해 양자역학이라는 새로운 체계의 등장을 필요로 했지. 물론 과학자들이 밝혀낸 자연의 법칙 중에는 운동량 보존, 에너지 보존처럼 아직까지 예외가 발견되지 않은 것들도 있단다. 물론 개념을 확장해서 정의하는 과정이 있었지만, 덕분에 많은 현상을 설명할 수 있었지. 뉴턴이 틀렸다기보다는 뉴턴 운동 법칙으로 설명하지 못하는 현상도 있다고 하는 게 더 정확한 표현일 것 같구나.

현유 — 천재 과학자인 뉴턴이 그런 것도 고려하지 못한 채 섣불리 자신의 발견을 법칙이라고 불러 버린 건가요?

선생님 — 후생가외[6]라고 하던가. 과학기술의 발달로 다음 세대 과학자들은 이전 세대에 비해 시야가 넓고 이전 세대 사람들은 들어 본 적

후생가외(後生可畏)란 '젊은 후학들을 두려워할 만하다'는 뜻으로, 학문을 닦음에 따라 후진들이 선배들보다 큰 인물이 될 것이 두렵다는 말이다.

도 없는 현상들을 반례로 제시할 유리한 고지에 있는 거지. 뉴턴은 시간이 그저 일정하게 흐른다고 생각했지. 즉, 1차원적인 시간과 3차원 공간이 각각 별개로 존재했던 거야. 그에 반해 아인슈타인은 광속 불변, 상대성 원리 두 가지 가정만을 사용해서 그 둘이 별개가 아님을 보였지. 동시성의 상대성, 시간지연, 길이 수축이 일어나는 이유는 어쨌든 시간과 공간이 별개가 아니라는 증거가 되니까. 시간과 공간이 아니라 '시공간 spacetime'이 되어야만 했어. 그리고 양자역학은 현재의 상태가 파동 함수들의 중첩으로 기술됨을 밝혀냈어. 측정의 순간 그렇게 중첩된 파동 함수들 중 하나의 상태에 미래는 붕괴 collapse 하게 되지. 미래는 결정되어 있는 것이 아니라 확률적으로 존재하는 셈이야. 이제는 결정론을 버리시고 현재의 노력을 멈추지 마시길.

희현 —— 과학은 언젠가 틀릴 수밖에 없다는 운명을 가진 것처럼 느껴져요. 물리학은 세상 모든 것을 설명하는 진리 체계라기보다는 설명하고자 하는 현상을 설명하는 모델링이라고 생각하게 되었어요.

선생님 —— 우리가 아는 한 그게 최선이다. 그리고 틀렸을 수 있다. 이걸 과학의 잠정성이라고 하는데 선생님은 이 지점이 과학이 가장 과학다운 지점이라고 생각해. 틀린 것을 인정하는 건 마땅히 그래야 하지만 사실 어려운 일이잖아.

현유 —— 제 생각은 조금 달라요. 뉴턴의 시행착오를 거쳐 이제는 상대성 이론과 양자역학을 통합하여 빠르고 무겁고 작은 세상도 모두 설명할 수 있는 물리 법칙이 있는 거죠? 아인슈타인이 말년에 완성하려했던 물리학의 끝판왕인 최종 이론 말이에요. 그렇다면 저는 과학의 한계가 아닌 뉴턴의 한계라고 생각해요.

선생님 — 우리 현유가 말하는 것을 들으니 마치 20세기 초반 물리학자들의 자신감을 보는 것 같구나. 하지만 작은 실험 하나에 양자역학이라는 새로운 물리학이 출현했지. 우리도 그렇잖아. 공부할수록 깨닫는 건 우리가 아직 모르는 게 많구나라는 것. 자연을 우리의 인식에 가두려 할 때마다 늘 자연은 우리를 우물 안 개구리로 만들어 버렸어. 아인슈타인도 새로운 물리학의 출현에는 고개를 저었지.

현유 — 20세기 초와는 비교할 수 없을 정도로 지금은 과학기술이 눈부시게 진보했고 더 이상 보지 못하는 세계는 없다고 생각해요. 혹시라도 아직 남아 있다면 곧 해결될 거고요. CERN 같은 곳에서 대규모 실험도 하고 있잖아요.

선생님 — CERN에서 2011년 빛보다 빠른 물체가 검출되었다고 발표했었지. 실험 결과가 발표되자마자 이를 설명하기 위한 수많은 논문이 출간되었고. 사소한 실수로 결론이 나서 실험을 했던 분이나 논문을 출간했던 분 모두 조금 민망했을 수 있겠지만 선생님은 이 과정에서 과학에 대한 이해가 더욱 깊어졌어. 기존 체계를 포함하며 새로운 현상까지 끌어안는 이론적 체계를 구축하기 위해 수많은 모델링이 이뤄지고 있는 것 아닐까? 물론 상대성 이론과 양자역학을 통합하려는 다양한 시도가 이루어지고 있지. 강력한 후보 중에 하나가 아까 이야기했던 끈이론이고. 하지만 선생님은 과학은 결론이 아닌 끊임없는 과정에 있다고 생각해.

과학에서 자연은 수학적으로 표상되어야 하는가

희현 —— 좋아요, 선생님. 그럼 저도 이제 물리학의 세계로 들어가려고
했는데 늘 수학이 큰 장벽이에요. 물리학이 너무 수학적이라고 생각
될 때가 많아요. 가끔은 물리학이 수학 그 자체인 것 같아요. 그래서
우선 수학을 완벽히 마스터하고 나서 물리학을 공부해야 되나 싶어
요. 그렇게 된다면 물리학은 저절로 익혀질 테니까요.

선생님 —— 물리학에서 수학의 사용이 많은 것은 부정할 수 없지. 자연의
언어를 수학이라고도 표현하니까. 뉴턴은 미분이라는 새로운 수학
까지 개발하며 운동 법칙을 완성했잖아. 오히려 수학을 잘하지 못해
서 그림과 말로만 물리학을 전개한 위대한 물리학자도 있는걸. 바
로 마이클 패러데이야. 패러데이는 신분상 정통 수학을 배우지 못했
기에 현대 물리학의 핵심이라 불리는 장^{field}의 개념을 떠올렸어. 수
학적 추론이 고귀하게 느껴지던 시절 사람들에게 일침을 날린 거지.
패러데이는 수학에 의존하지 않고 오로지 실험으로 발전시키고자
했고 오히려 그렇기에 막힘없이 전자기학을 발전시켰지.

현유 —— 그 시절과는 다르게 현대에는 물리학을 공부하려면 수학 실력
이 선행되어야 하는 것 아닌가요?

선생님 —— 수학 실력이 받쳐 준다면 그렇지 않은 경우보다 유리하긴 할
거야. 하지만 수학 실력이 충분조건은 아니라는 점을 강조하고 싶
어. 수학자들은 물리학자들이 사용하는 수학을 조금 헐렁하다고 표

현하기도 해.

현유 — 헐렁하다니요?

선생님 — 물리학자는 수학에 의미를 부여하는 과정을 거쳐야 해. 그 과정에서 자연에 부합하지 않는 것들은 과감하게 무시해 버리곤 하거든. 이러한 지점 때문에 '물리는 엄밀하지 않아, 말이 너무 길어' 하면서 물리를 떠나는 슬픈 광경도 종종 봤어. 그리고 선생님도 수업을 하다 보면 어려운 수학 문제는 기가 막히게 푸는데 물리학에서는 나눗셈, 곱셈도 어려워하는 경우를 많이 봤어. 수학 실력이 물리 실력을 담보하지 않는다는 증거 중 하나지.

현유 — 바로 이해됐어요. 수학에서는 늘 x, y축이었는데 갑자기 x축이 t가 되면서 시간에 따른 변위, 속도, 가속도를 그래프로 나타내잖아요. 도함수, 이계도함수를 잘 이해했는데도 속도, 가속도 그래프는 어려웠던 기억이 나요. 뭔가 상황을 같이 떠올리면서 과부하가 걸리는 느낌이었어요.

선생님 — 응, 그리고 대다수 물리학 교재의 첫 번째 단원에 보통 그 책의 내용을 익히기 위한 수학을 배치해. 수학에도 다수의 세분화된 분야가 있어 수학자 간에도 다른 분야를 이해하지 못하는 경우도 많아. 또 같은 미분방정식이라고 해도 수학자의 관심과 물리학자의 관심은 다른 편이야. 그리고 가장 중요한 건 과학은 자연 위에 서 있어야 한다는 것. 물론 아직 명확히 밝혀지지 않은 것들의 존재나 관계를 수학적으로 가정하며 자연을 탐구할 수도 있고, 수학의 추상적 구조가 자연의 모습을 담고 있을 때 아름다움을 느끼기도 하지만, 모든 수학의 구조가 자연에 일대일 대응이 되진 않아. 수학을 탐구의 도구로 사용하지만, 결국 자연과의 대화인 실험과 그저 그대로 놓인 것의 발견이 아닌 발명의 관점이 필요하단다. 같은 수학을 가지고도 서로 상반된 주장을 할 수 있지. 같은 운동학의 결과를 보고도 뉴턴, 라그랑주, 해밀턴이 다른 해석을 내놓았다는 게 하나의 예가 되지.

희현 ── 그렇군요. 그러면 혹시 실험이나 수학 없이도 자연을 탐구할 수 없을까요? 그런 생각을 할 때가 있었어요. 실험을 하는 건 그냥 보면 되잖아요. 그런데 이걸 수학으로 전개해서 이해하는 건 너무 어려운 일이잖아요. 뭔가 이론의 어려움 때문에 눈으로 보고 관찰해도 되는 현상들을 너무 나중에 배우는 것 같달까.

선생님 ── 그렇지. 그래서 과학자들은 컴퓨터를 이용해서 자연 현상의 규칙성을 발견하고 메커니즘을 탐구하기도 해.

현유, 희현 ── 네, 선생님. 물리의 세계는 정말 깊고 넓은 것 같아요. 오늘 여러 이야기를 함께하며 자연과 모형에 대해 좀 더 깊이 생각해 볼 수 있었습니다. 감사드려요.

VPython을 이용한 물리학 탐구

주제 넓히기

1. 비스듬히 발사한 물체의 운동

포물선 운동projectile motion하는 물체의 수평 도달거리는 $R = \dfrac{v_0^2}{g} sin2\theta$ 이다. 물체의 체공시간인 $T = 2\dfrac{v_0 sin\theta}{g}$ 에 수평속력인 $v_0 cos\theta$를 곱해서 얻게 된다. 물리학II에 해당하는 내용이지만 그만큼 수학, 물리 실력을 갖추지 못했더라도 VPython을 이용하여 값을 바꿔 가며 탐구의 대상으로 삼을 수 있다.

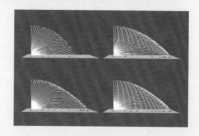

▲ 다양한 각도로 비스듬히 던져진 물체의 궤적. 두각의 합이 90°인 경우 수평도달거리가 같고, 45°일 때 수평 도달거리가 최대가 됨을 확인할 수 있다.

2. 뉴턴의 대포알

천상계과 지상계의 물리 법칙이 다르지 않음을 보인 뉴턴의 사고실험이지만 간단한 코드로 구현이 가능하다. 수평으로 던져진 물체는 1초에 5m 낙하하는데 지구의 곡률이 8,000m당 5m 정도 휘어 있으므로 수평 속력이 8,000m/s 이상이면 땅에 부딪히지 않고 지구를 돌게 된다.

◀ VPython으로 구현한 뉴턴의 대포알

▲ Rocket.v = vec(6000, 0, 0)일 때 대포알이 지구에 추락한 모습

▲ Rocket.v = vec(8000, 0, 0)일 때 대포알이 지구를 돌고 있는 모습

쟁점 ❸ 자연과 모형 — 뉴턴의 운동 법칙은 애당초 틀린 것 아닐까

85

뉴턴의 운동 법칙은
애당초 틀린 것 아닐까

1. 다음 자연과 모형에 대한 토론 내용을 보고, 각 주장에 관한 근거를 정리해 적어 보세요.

뉴턴의 운동 법칙은 애당초 틀린 것 아닐까?		
세상에 존재하지 않거나 존재가 증명되지 않은 대상을 가정하여 현상을 설명하려는 시도를 과학이라 할 수 있는가?	과학이다. 근거 :	과학이 아니다. 근거 :
뉴턴 운동 법칙이 틀렸다고 하는데 여전히 법칙이라 할 수 있는가? 물리 법칙에 예외가 허용될 수 있는가?	허용될 수 있다. 근거 :	허용될 수 없다. 근거 :
과학에서 자연은 수학적으로 표상되어야 하는가?	그렇다. 근거 :	그렇지 않다. 근거 :

2. 자연과 모형의 관계(예를 들면, 원자와 원자 모형)에 관한 자신의 생각을 적어 보세요.

▲ **윌리엄 블레이크**(1757~1827년), **「아이작 뉴턴」, 1795년.** 컴퍼스를 집고 몸을 구부린 뉴턴의 불편해 보이는 모습을 통해 복잡한 세상을 이성과 기하학으로 깨닫는 것은 어리석다고 풍자한 그림이다.

· 쟁점 4 ·

교통안전과 과학

– 속력 제한만으로 교통사고 시 발생하는
사망사고를 예방할 수 있을까

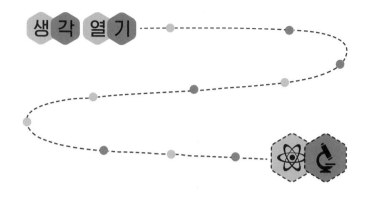

생 각 열 기

2019년 9월 충청남도 아산시 어느 중학교 앞, 당시 아홉 살이던 김민식 군은 동생과 함께 부모님이 운영하는 가게로 돌아가다가 횡단보도를 건너는 중 사고를 당해 현장에서 목숨을 잃었습니다. 횡단보도 위에서 대기 중인 차들 사이를 건너다가 반대편에서 오는 스포츠 유틸리티 차량^{SUV}과 사고가 발생하게 된 것입니다.

사람들은 이 사고를 계기로 스쿨존[1] 내 과속과 불법 주정차, 안전시설 부족 등 스쿨존 안에 어린이들의 안전을 위협하는 다양한 위험요인이 놓여 있다는 것을 깨닫게 되었습니다. 어린이가 안전하게 생활할 권리를 지켜 주자는 여론에 힘입어 같은 해 10월 국회에서 「도로교통법」, 「특정범죄 가중처벌 등에 관한 법률」에 대한 개정안이 발의되었으며, 당시 정당 간에 갈등이 팽팽하던 상황에도 불구하고 비교적 신속하게 법안이 통과되었습니다.

[1] 초등학교 및 유치원 주 출입문에서 반경 300m 이내의 보호구역을 말한다. 교통안전시설물 및 도로부속물 설치로 학생들의 안전한 통학공간을 확보하여 교통사고를 예방하기 위한 제도이다.

▲ 사람들은 스쿨존 내 과속과 불법 주정차, 안전시설 부족 등 스쿨존 안에 어린이의 안전을 위협하는 다양한 위험요인이 놓여 있다는 것을 깨닫게 되었다.

하지만 민식이법은 국회를 통과하기 전에도, 그리고 민식이법이 시행되고 실제 사고 사례가 등장한 후에도 처벌 수위나 적용 기준 등을 놓고 찬반 여론이 분분한 뜨거운 감자입니다. 이에 민식이법 개정을 요구하는 국민청원까지 등장하였고 동의 인원이 무려 35만 명을 넘기면서 청와대에서 직접 사고 발생 시 무조건적인 형사처벌은 아니라는, 과한 우려에 대한 걱정과 민식이법의 필요성을 표현하기도 하였습니다.

통학하는 어린이의 안전을 보장할 수 있게 해 준다는 점에서 민식이법에 대해 긍정적인 시선을 보내는 사람들도 있는 반면, 차량으로 통학하는 어린이가 오히려 불편을 겪는다는 의견과 민식이법 놀이 사례 발생, 다른 법률에 비해 처벌이 강한 까닭 등을 이유로 부정적인 시선을 보내는 사람도 적지 않습니다. 어린이의 안전을 보장하면서, 민식이법을 향한 불만을 해소할 수 있는 균형 잡힌 대처 방안은 없을까요?

이에 대해 알아보기 위해서는 먼저 민식이법으로 개정된 「도로교통법」과 어린이 보호구역에 대한 「특정범죄 가중처벌 등에 관한 법률」을 알아야 하겠습니다.

■ 「도로교통법」 제12조 신설 조항

④ 시·도경찰청장, 경찰서장 또는 시장 등은 제3항을 위반하는 행위 등의 단속을 위하여 어린이 보호구역의 도로 중에서 행정안전부령으로 정하는 곳에 우선적으로 제4조의2에 따른 무인 교통단속용 장비를 설치하여야 한다. 〈신설 2019. 12. 24.〉

⑤ 시장 등은 제1항에 따라 지정한 어린이 보호구역에 어린이의 안전을 위하여 다음 각 호에 따른 시설 또는 장비를 우선적으로 설치하거나 관할 도로관리청에 해당 시설 또는 장비의 설치를 요청하여야 한다. 〈신설 2019. 12. 24.〉

　1. 어린이 보호구역으로 지정한 시설의 주 출입문과 가장 가까운 거리에 있는 간선도로상 횡단보도의 신호기

　2. 속도 제한 및 횡단보도에 관한 안전표지

　3. 「도로법」 제2조 제2호에 따른 도로의 부속물 중 과속방지시설 및 차마의 미끄럼을 방지하기 위한 시설

　4. 그 밖에 교육부, 행정안전부 및 국토교통부의 공동부령으로 정하는 시설 또는 장비

■ 「특정범죄 가중처벌 등에 관한 법률」 신설 내용

제5조의13(어린이 보호구역에서 어린이 치사상의 가중처벌) 자동차(원동기장치자전거를 포함한다)의 운전자가 「도로교통법」 제12조 제3항에 따른 어린이 보호구역에서 같은 조 제1항에 따른 조치를 준수하고 어린이의 안전에 유의하면서 운전하여야 할 의무를 위반하여 어린이(13세 미만인 사람을 말한다. 이하 같다)에게 「교통사고처리특례법」 제3조 제1항의 죄를 범한 경우에는 다음 각 호의 구분에 따라 가중처벌한다.

1. 어린이를 사망에 이르게 한 경우에는 무기 또는 3년 이상의 징역에 처한다.
2. 어린이를 상해에 이르게 한 경우에는 1년 이상 15년 이하의 징역 또는 500만 원 이상 3천만 원 이하의 벌금에 처한다.

[본조신설 2019. 12. 24.]

이에 발맞추어 정부는 이듬해 1월 '어린이보호구역 교통안전 강화대책'을 발표하여 스쿨존 운행 제한속도를 시속 40km에서 30km로 하향하였습니다(보행공간이 없는 경우 20km/h). 또 단계적으로 안전시설을 확충해 나가고 불법 주정차 등 안전을 위협하는 요소에 대한 단속을 강화할 것을 약속했습니다. 하지만 단순한 속력 제한만으로 스쿨존 내 교통사고 발생 시 사망사고를 예방할 수 있을지는 생각해 볼 문제입니다.

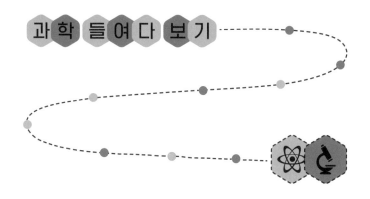

과학 들여다 보기

　민식이법에 대한 우려는 주로 상해 또는 사망사고 발생 시 받게 되는 처벌과, 사고의 주된 원인이 없을 때에도 운전자가 사고를 어디까지 책임져야 하는지에 집중되어 있습니다.

　민식이법이 이미 시행되고 있는 지금, 실제 민식이법이 적용된 사고 사례와 결과들에 대해 살펴보면 막연한 걱정을 조금 덜고 조금 더 현실적인 논의가 가능할 것입니다.

　먼저, 민식이법으로 유죄가 선고된 첫 사례를 살펴보겠습니다. 김포의 한 초등학교 근처 스쿨존에서 승용차가 7세의 남학생을 치어 다치게 하였습니다. 사고를 당한 어린이는 어머니, 동생과 함께 횡단보도를 건넌 뒤 보행신호(초록불)가 꺼진 상황에서 동생이 떨어뜨린 물건을 줍기 위해 횡단보도로 들어섰다가 차에 치였습니다. 비록 운전자가 횡단보도로 진입할 때 신호위반을 하지는 않았지만, 규정 속도인 시속 30km를 넘는 시속 40km 이상의 속도로 운전을 하였고 음주운전으로 운전면

허가 정지되어 차량 보험에도 가입되어 있지 않았던 상태였습니다. 이에 따라 재판부는 안전운전 주의의무를 소홀히 하여 피해자가 사고 충격으로 10m가량 날아가 상해를 입은 점 및 동승했던 여자 친구와 운전자 바꿔치기를 시도하여 폐쇄회로 텔레비전CCTV으로 밝혀지기 전까지 범행 사실을 부인하며 수사를 방해했던 점을 들어 운전자에게 징역 1년 6월을 선고하였습니다. 또 운전자 바꿔치기를 시도한 여자 친구에게는 벌금 500만 원을 선고하였습니다. 이 사건에서는 무면허운전, 과속 등의 사유가 있음에도 민식이법이 적용된 사례치고는 형량이 적었다는 의견까지 이따금 보였습니다.

이번에는 민식이법이 적용된 첫 무죄판결을 살펴보겠습니다. 전주의 한 초등학교 근처 스쿨존에서 스포츠 유틸리티 차량SUV이 10세 여학생을 치어 넘어지게 하였고, 피해자인 여학생은 복사뼈 골절 등 8주의 치료가 필요한 상해를 입게 되었습니다. 하지만 운전자가 시속 28.8km의 속력으로 주행하였고, 피해자가 반대편 도로에서 정차된 차량에서 내린 뒤 차량 뒤편에서 갑자기 튀어나왔으며, 블랙박스에도 어린이가 보이자마자 SUV 차량의 측면에 충돌하기까지 0.7초밖에 걸리지 않아 운전자가 반응할 수 있는 여유시간이 없었다는 점을 들어 재판부는 운전자가 안전운전 주의의무를 소홀히 하지 않았다고 판단하여 무죄를 선고하였습니다. 특히 재판부의 판결문 중 다음과 같은 부분에 주목할 필요가 있습니다.

게다가 이 사건 법령은 과실범[2]임에도 불구하고 비교적 높은 법정형을 정하고 있는바, 과실이 있는지 여부를 판단함에 있어 어린이 보호구역에서 어린이에게 상해의 결과가 발생하였다는 결과의 중대성에 기대어 그 과실을 넓게 해석할 것은 아니다.

고의가 아니라 무의식 중에 실수로 범죄한 자

쉽게 말하자면 고의가 아닌 과실에 의해 처벌을 하는 만큼 제한속도 위반, 교통신호 위반, 횡단보도 같은 사고 장소의 구분 등을 엄밀히 고려하고 있음을 알 수 있습니다.

특히 이 판결은 피해자가 사망했을 때 과실에 의해 민식이법(무기~3년의 징역)으로 처벌받는 경우가, 고의로 볼 수 있는 뺑소니(무기~5년의 징역), 음주운전(무기~3년의 징역)으로 처벌받는 경우와 비슷한 처벌을 받기 때문에 우려되던 형벌 비례성의 원칙 위배에 대한 걱정을 다소 덜어 준다고 볼 수 있겠습니다.

마지막으로, 민식이법이 발의된 배경으로 볼 수 있는 아산시에서 있던 사고의 판결 결과에 대해 살펴보겠습니다. 사실 이 사고는 민식이법이 시행되기 전에 발생한 일이므로 민식이법의 적용을 받지 않습니다. 또 도로교통공단의 블랙박스 분석 결과 가해 차량의 속력은 민식이법의 제한속도보다 낮은 시속 23.6km였다고 분석했습니다. 그럼에도 재판부는 횡단보도 앞에서 안전운전 주의의무를 소홀히 한 점 등을 들어 금고[3] 2년을 선고하였습니다. 이에 대해서는 찬성과 반대 측의 의견이 분분

교도소에 가두고 노역은 시키지 않는 형벌

▲ 학교 근처에서 어린이의 안전을 보장하면서도, 원활한 교통 흐름을 유도하고 운전자의 억울한 처벌을 방지할 수 있는 대책에 대한 고민이 필요할 것이다.

합니다. 신호등이 없는 횡단보도라 하더라도 스쿨존에서 어린이가 도로를 건널 수 있고 주위에 불법 주차된 차량이 많았으므로 좀 더 주의를 기울여야 했다는 의견이 있었습니다. 반면, 운전자의 안전 의무에는 동의하지만 신호등이 없는 작은 사거리의 횡단보도 앞에서 실질적으로 정차할 수 있는 여건이 되지 않는다는 의견도 있었습니다.

여러 사고 사례와 여론을 살펴보면 과실에 대한 법률임에도 고의와 비슷한 수준의 처벌로 인한 형벌 비례성의 논란 등으로 법안 개정 요구도 있던 것은 사실입니다. 하지만 최소한 어린이 보호구역(스쿨존) 내에서라도 어린이의 안전을 보장해야 한다는 것에는 모두 동의하고 있습니다. 따라서 사고 피해를 예방하고 학교 근처에서 어린이의 안전을 보장하면서도, 원활한 교통 흐름을 유도하고 운전자의 억울한 처벌을 방지할 수 있는 대책에 대한 고민이 필요할 것입니다.

속력 제한만으로 교통사고 시 발생하는
사망사고를 예방할 수 있을까

2020년 한 해를 뜨겁게 달구던 이슈 중 하나가 민식이법이다. 그 이유를 생각해 보면 각 가정에는 직장에 출퇴근하기 위해 운전을 하는 학부모도 있고, 학교에 등·하교하는 자녀도 있기 때문에 많은 사람이 민식이법에서 말하는 가해자 또는 피해자가 될 수 있기 때문일 것이다.

민식이법 시행으로 인해 스쿨존 안에서 제한속도는 시속 30km로 정해졌고, 각종 지방자치단체에서는 2022년까지 여러 가지 안전시설을 설치하여 스쿨존 내의 안전을 확보할 수 있는 다양한 시설을 설치해야 한다.

민식이법 시행을 환영하는 사람들은 운전자들이 스쿨존을 통과할 때 좀 더 경각심을 가지고 운전하는 효과가 있고, 실제로 사고가 발생해도 아이들이 좀 더 안전할 수 있다고 이야기한다.

반면, 민식이법의 취지에는 동의하지만 세부적인 부분에 개정의 필요성을 요구하는 목소리 또한 높다. 첫째, 어린이 보호구역에서 사고가 발생해서 피해자가 사망할 경우 「윤창호법」에서 음주운전 사망 시 가해자에게 부여하는 형량과 동일하다는 것, 둘째, 「특정범죄 가중처벌 등에 관한 법률」에서 이야기하는 어린이 안전에 유의해야 한다는 규정의 애매모호함, 셋째, 운전자들에게 스쿨존이 범죄를 저지를 수도 있는 무서운 장소로 인식되는 것 등을 문제로 제기하고 있다.

하지만 정부의 민식이법 개정 청원에 대한 국민청원 답변에서도 알 수 있듯이, 어린이 보호구역에서 운전자들에게 특별한 안전운전 의무가 부여되어 있음에도 스쿨존에서 일어나는 사고의 원인에는 과속 등 안전운전 의무 불이행과 우회전, 유턴 시 보행자 보호의무 불이행이 있다. 따라서 이런 민식이법에 대한 뜨거운 논란 속에 운전자와 어린이 모두가 만족할 수 있는 스쿨존 환경 조성을 위해 최고의 권위를 가진 공중파 KBC 방송의 '99분 토론'에서 긴급 편성 토론을 열게 되었다.

사회자 — 민식이법 시행으로 스쿨존 내에서 어린이 교통사고 발생 시 처벌이 강화되고, 어린이 보호구역 교통안전 강화대책을 통해 스쿨존에 각종 안전시설이 설치되고 있습니다. 민식이법 시행에 대한 긍정적인 여론과 개정을 요구하는 여론이 공존하는 이때, 운전자와 어린이 모두가 만족할 수 있는 방안을 함께 찾아보고자 KoCSI의 교통사고 분석담당 이석연 연구원님과 법률·사건사고전문가 하헌법 연구소장님, 교통 안전설비 전문가 김안전 과장님을 모시고 토론을 진행하도록 하겠습니다. 먼저, 세 분의 입장을 들어 보겠습니다.

이석연 ── 먼저, 교통사고 시 발생하는 피해 분석에는 시뮬레이션을 사용합니다만, 여기에는 당연히 물리적 법칙이 적용되어 있습니다. 따라서 스쿨존 내 어린이 교통사고에서도 차량과 피해자인 어린이 사이에 작용하는 물리 법칙을 고려하지 않으면 정확한 피해 예측이 어렵지요. 따라서 법의 기준을 정하거나, 도시를 디자인할 때 물리 법칙을 항상 고려해야만 합니다.

김안전 ── 가장 중요한 것은 스쿨존 내에서 사고를 미연에 방지하는 것과 사고가 발생했을 때 어린이들의 심각한 부상을 막을 수 있는 환경을 마련하는 것이라 봅니다. 사고를 예방하기 위해서는 넛지^{nudge} 효과를 잘 활용하는 것이 중요합니다. 넛지는 경제·심리학적 용어로 원래는 '팔꿈치로 슬쩍 찌르다', '주의를 환기시키다' 정도의 뜻을 가지고 있는데요. 교통사고 예방에서도 넛지 효과를 활용하여 운전자와 어린이들이 스스로 교통사고 예방에 동참할 수 있도록 스쿨존 내 환경을 잘 디자인하는 것이 중요합니다. 또 사고 발생 시 부상을 최소화하기 위해서는 방금 이석연 연구원님이 말씀하신 것처럼 충격 흡수에 대한 물리 법칙을 고려해야 하지요.

하헌법 ── 교통사고는 가해자와 피해자 모두 심각한 내·외적 트라우마를 겪을 수 있는 일이기 때문에 김안전 과장님이 말씀하신 것처럼 예방이 중요합니다. 결국 법률과 규칙을 정하는 것도 처벌보다는 사고와 범죄를 예방하기 위함입니다. 따라서 규칙을 정할 때는 공동체의 이익과 합의된 의견을 잘 반영하고, 기존 사고 사례 분석을 통해 사고를 미연에 방지할 수 있도록 기준을 세워 나가야 합니다.

주제 1
모든 차량이 어린이 보호 구역 내에서
제한속도 기준 시속 30km를 지키면 사망사고 예방이 가능한가

사회자 — 어린이가 마음 놓고 통학할 수 있는 좀 더 나은 환경을 만들기 위해서는 다양한 관점에서 고민해야 한다는 것이군요. 학교 근처 표지판을 통해 이미 보셨겠지만, 민식이법 시행으로 가장 크게 달라진 점이 '어린이보호구역 교통안전 강화대책'으로 스쿨존 내 제한속도가 시속 30km로 하향된 것입니다. 또 안전운전 주의의무를 소홀히 한 경우에 대한 처벌이 강화되었죠. 주위에 일부 운전자들의 이야기를 들어 보면 스쿨존을 통과하려면 너무 느리고, 혹시라도 사고가 나면 처벌이 무겁기 때문에 조금 돌아가더라도 스쿨존은 피해서 가는 것이 낫다고도 이야기하는데요. 이에 대해서 먼저 의견 주시죠.

하헌법 — 이런 분위기를 반영해서인지 일부 내비게이션에서는 스쿨존을 최대한 피해서 경로를 알려 주는 기능까지 추가되었다고 합니다. 이런 우려에 대해 어느 정도 이해는 합니다만 여기에 대해서는 사회 구성원 모두의 배려가 필요하다고 봅니다. 특히 주(州, state)마다 다르긴 합니다만 미국의 뉴저지주에서는 최대 20년의 징역형을 선고할 수 있으며, 일리노이주의 경우 피해 아동의 수에 따라 가중 처벌하는 조항까지 규정하고 있습니다. 또 캐나다에서도 스쿨존 과속에 대해서 40만 원 이상의 범칙금과 벌점을 부과하고 있습니다(우리나라 최대 16만 원). 물론 민식이법을 시행하기까지 기간이 짧았던 만큼 충분한 의견 수렴과 형벌 비례성 원칙에 근거한 검토는 부족했을 수 있습니다. 하지만 윤창호법을 통해 음주운전으로 인한 사고 발생 시 처벌을 경감해 주던 것을 바꾸어 역으로 처벌을 강화한 것처럼 스쿨존에서 경각심을 강화해야 한다는 점에는 모두 동의하실 것이라 봅니다. 법 집행에 있어서 처벌과 교화 중 어느 것에 더 무게를 두는지는 나라마다 다르긴 합니다만 이것은 우리나라가 선진국 대열로 나아가고 있는 만큼 국민의 의견에 따라 법제 전반에 걸쳐 차근차근 검토를 진행해야 할 문제로 생각됩니다.

김안전 ── 스쿨존에서의 안전운전에 경각심을 가져야 한다는 점에 동의합니다. 행정안전부가 2019년 어린이 보호구역 사고 유형을 조사한 결과, 72%가 도로횡단 중에 발생했으며 가해 운전자의 약 절반이 보행자 보호의무를 위반한 것으로 분석되었습니다. 또 국내 유명 자동차 보험사가 2019년 어린이 도로횡단 사고의 원인을 분석한 결과 37%가 운전자의 신호위반이었으며, 우회전 시 도로를 건너던 어린이를 충격해 사고가 발생한 경우도 약 15%나 되는 것으로 나타났습니다. 물론, 보행자가 무단횡단하거나 갑작스레 도로로 뛰어나오는 경우도 38% 가까이 차지하는 만큼 무시할 수 없지만, 제한속도를 낮추어 돌발 상황에 대처할 수 있도록 하고 우회전 시에도 횡단보도

앞에서 일시 정지하는 등 주의의무를 지킨다면 사고빈도를 크게 감소시킬 수 있을 것으로 봅니다.

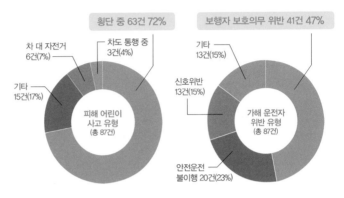

출처: 행정안전부.

이석연 —— 제한속도를 낮추면 아이가 뛰어나오는 등의 돌발 상황에 운전자가 좀 더 쉽게 대처할 수 있다는 점에 동의합니다. 또 사고 발생 시 피해자의 생존율도 크게 높일 수 있습니다.

평균적으로 시속 60km로 달리는 자동차가 완전히 정지하기 위해서는 약 3.5초 정도가 소요되며, 이때 차량은 30m가량을 감속하며 나아가게 됩니다. 하지만 시속 30km로 달리는 자동차의 경우 자동차가 완전히 정지하기 위해서 약 1초 정도가 소요되며, 이때 차량은 10m 이내에서 감속하여 정지합니다. 여기서 주목해야 할 부분은 '공주거리'입니다. 공주거리란 공주시간 동안 진행한 거리를 나타내는 것으로, 공주시간은 인간이 상황을 인식하고 브레이크를 조작하기까지 걸리는 필연적인 시간을 의미합니다.

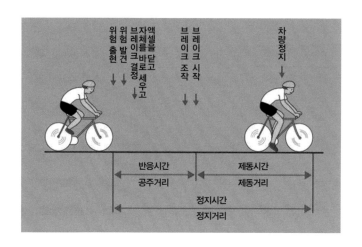

위험발견 위험출현 브레이크결정 자체를세우고 액셀을바닥으로 브레이크조작 브레이크시작 차량정지

반응시간 / 제동시간
공주거리 / 제동거리
정지시간
정지거리

t1=상황을 인식하고 가속페달에서 발을 떼는 시간(0.5초)
t2=가속페달에서 브레이크 페달로 발을 옮기는 시간(0.3초)
t3=브레이크 페달을 밟아 실제로 차량이 감속을 시작하는 데
　걸리는 시간(0.2초)
〈공주시간〉 = t1 + t2 + t3 = 약 1.0초

다시 말하면 차량은 돌발 상황이 발생해도 약 1초간 감속 없이 그대로 진행합니다. 이동거리 = 속력×시간을 적용하여 간단히 계산해 보면 시속 60km의 경우 약 17m, 시속 30km의 경우 약 8m를 나아가게 되지요. 특히 교통안전공단에서 발표한 결과에 따르면 시속 60km로 차량과 보행자가 충돌한 경우 90%의 확률로 사망하지만, 시속 30km의 경우 10%까지 사망 확률이 낮아집니다. 만약 스쿨존

에서 시속 60km의 차량이 갑자기 튀어나온 어린이를 충격하였을 경우 속력 역시 거의 감속이 되어 있지 않기 때문에 크게 다치거나 사망에 이를 수밖에 없을 것입니다. 이는 시속 30km의 차량이 사고 직전에 멈추거나 경미한 상처를 입는 것에 비하면 큰 차이입니다. 시속 60km 차량의 경우 30km인 경우에 비해 운동에너지가 네 배나 되기 때문에 더욱 피해가 클 수밖에 없지요.

김안전 ── 그렇지만 속력이 낮은 경우라 해도 스쿨존 내 교통사고 발생 시 피해 어린이가 사망하는 것을 완벽히 방지하기는 힘들어 보입니다. 사고 사례들을 살펴보면 사고 후 충격에 날아간 어린이가 떨어지면서 딱딱한 도로면이나 보도의 연석 모서리와 같은 구조물에 부딪혀 사망하는 안타까운 사례가 종종 발생하고 있습니다.

이석연 ── 그런 부분에 있어서는 저도 어느 정도 공감합니다. 앞에서 속력이 낮은 경우 교통사고 발생 시 사망 확률을 현저히 낮출 수 있다고 말씀드렸지만 그것은 승용차에서 속력만 달라질 경우를 가정한 것입니다. 실제로는 도로에는 다양한 종류의 차량이 있기 때문에 같은 속력이라도 부딪쳤을 때 받는 피해는 차량의 질량에 따라 달라집니다.

실제로 우리가 똑같은 속력으로 날아오는 물체라 하더라도 테니스공에 맞았을 때와 볼링공에 맞았을 때 아픈 정도는 많이 다르겠지요. 이런 점을 고려하기 위해 우리가 잘 알고 있는 물리학자 뉴턴은 운동량이라는 개념을 제안했습니다.

어떤 질량을 가지고 있는 움직이는 물체는 운동량을 가지고 있습니다. 이 물체가 움직이다 다른 물체와 충돌해서 멈추게 되면 속도가 감소하며 운동량을 잃어버리게 되며, 감소한 운동량은 다른 물체에 전달되는 충격량이 됩니다. 따라서 같은 속도로 날아가던 테니스공과 볼링공이 우리 몸에 맞았을 때 두 공이 가지고 있는 운동량은 우리에게 충격으로 전해지겠지요. 따라서 같은 속력으로 날아와도 질량이 큰 볼링공에 맞으면 더 아픕니다. 같은 원리로 승용차와 SUV가 똑같이 시속 30km로 달리다 사고가 발생했을 때 SUV와 충돌한 경우 피해자가 더 큰 상해를 입게 됩니다. 특히 SUV의 경우 질량이 경차의 약 두 배가 되기 때문에 피해도 두 배 가까이 입게 된다는 뜻이지요. 특히 질량이 클수록 관성⁴도 크기 때문에 똑같이 브레이크를 작동해도 멈추기 어렵습니다. 따라서 버스나 트럭 등 대형·화물·특수차량의 경우 훨씬 더 큰 피해를 입게 될 것입니다.

하헌법 — 덧붙이자면 시민의식 향상을 통해 음주운전 및 무면허운전과 과속·난폭 운전을 근절할 수 있을 때, 스쿨존 내에서 어린이가 안전한 통학을 보장받을 수 있을 것입니다.

운동하는 물체가 운동상태(속도)를 유지하려고 하는 성질. 물체의 질량이 클수록 관성도 크다.

스쿨존 내 교통사고 발생 시 사망률을 낮추기 위한 방법은

사회자 — 과속 외에는 생각해 보지 않았는데 스쿨존 안에 있는 시설물이나 차량에 따라서도 교통사고 시 피해가 달라질 수 있겠다는 생각이 듭니다. 결국 속력 제한으로 교통사고 발생 확률과 교통사고 발생 시 사망 확률을 낮출 수 있지만 한계가 존재한다는 뜻인데요. 그렇다면 만약 스쿨존 내에서 교통사고가 발생할 경우 사망률을 최대한 낮추려면 어떤 방법이 있겠습니까? 이번에는 안전설비 전문가이신 김안전 과장님부터 한 말씀 부탁드립니다.

김안전 — 앞에서 말씀드린 것과 같이 보행자와 차량 간에 충돌 시 피해자가 딱딱한 구조물에 머리를 부딪쳐 사망하는 경우가 있습니다. 따라서 스쿨존 안에서라도 보행자 도로 연석과 주차방지 블록, 보행자 도로 울타리에 충격흡수장치를 설치해야 합니다.

이석연 — 사고가 발생했을 때 피해자의 부상을 최소화하려면 피해자가 받는 충격량을 줄이는 것이 우선입니다. 그러기 위해서는 차량의 질량을 줄이거나 속력을 줄이도록 유도해야 합니다. 실질적으로 차량의 질량을 줄이기는 어려우므로 일반적으로 속도를 제한하고 무인단속 카메라를 설치하여 과속을 방지합니다. 민식이법이 시행된 이후 스쿨존 내에 과속방지턱이 늘어난 것도 같은 이유라 볼 수 있지요.

하지만 이미 사고가 발생한 이후라도 사고 피해자의 부상을 조금이

나마 줄일 방법이 있습니다. 그것은 피해자가 직접적으로 받는 힘(충격)을 줄이는 것입니다. 물리에서 충격(힘)과 충격량은 조금 다른 개념입니다. 동일한 귤을 같은 속력으로 벽에 던졌을 때 귤이 잃은 운동량, 즉 벽과 주고받는 충격량은 같습니다(작용·반작용의 법칙). 하지만 딱딱한 벽에 부딪힌 귤과 푹신한 매트리스에 부딪힌 귤 둘 중 어떤 귤이 더 심하게 터졌을지는 명백하지요. 즉, 벽과 방석에 부딪힌 귤이 받은 충격량은 같지만 방석에 부딪힌 귤은 충격량을 오랜 시간에 걸쳐 받게 되어 귤이 터질 정도의 충격(힘)을 받지는 않은 것입니다.

> 운동량의 변화량 = 충격량
> = 충격(힘) × 힘이 작용한 시간

김안전 과장님께서 제시한 방법이 바로 이처럼 힘이 작용하는 시간을 늘려 충격을 줄이는 방법입니다. 이와 유사한 방법으로 스쿨존 내의 보행자 도로에 충격흡수 포장을 하여 걷기 편하고 부상을 줄이도록 할 수 있습니다.

하헌법 — 부산의 한 초등학교 근처 스쿨존에서 SUV와 1차 충돌한 승용차가 보행로를 덮쳐 6세 어린이가 크게 다쳐 병원으로 이송되었지만 숨지고, 같이 있던 어머니는 골절상을 입는 사고가 있었습니다. 당시 사고 사진을 보면 보행자 도로의 안전펜스가 힘없이 바닥에 떨어져 있는 모습을 볼 수 있습니다.

▲ 해운대 스쿨존 사고 장면　　　　　　　　　　　　　　　　　© 부산경찰청

다른 곳과 달리 스쿨존의 보행로는 어린이들이 주로 이용하고 돌발 상황에 대한 대처 능력이 부족한 만큼, 도로 측에서 가해지는 충격에 대해 버틸 수 있도록 주차방지 블록과 같이 튼튼한 재질의 울타리를 세워야 할 필요가 있습니다.

김안전 ── 도로교통공단에서 공개한 가해차종별 어린이 교통사고(2019)에 대한 통계를 살펴보면 승합차, 화물차 등 대형차종이 어린이 교통사고에서 차지하는 비중은 약 15% 정도에 불과하지만, 교통사고 발생 시 사망에 이르게 한 비중은 43%에 달합니다. 이석연 연구원님의 말씀대로 질량이 큰 차량의 경우 피해자에게 가해지는 충격량이 크기 때문임을 추측할 수 있습니다.

교과서 토론 | 과학

따라서 스웨덴의 경우처럼 학교 근처를 홈존으로 지정하여 모든 차량을 통제하는 것은 불가능하더라도, 일본의 사례와 같이 대형차량의 출입을 통제하고 어린이가 주로 다니는 횡단보도의 통과 차량 높이를 제한하여 어린 교통사고가 발생했을 때 치사율을 낮출 필요가 있습니다.

주제 3

스쿨존 내 교통사고 발생 빈도를 낮추기 위한 방법은

사회자 ── 스쿨존 내에서 사고가 발생했을 때 아직 성장하고 있는 어린이이기에 최대한 부상을 예방해야 하고 이를 위한 방법을 많이 고민해 봐야 한다는 것에 공감이 갑니다. 전문가 분들이 처음에도 말씀하셨듯이 교통사고는 예방이 가장 중요하다는 생각이 드는데요. 스쿨존에서 교통사고를 최대한 줄이기 위한 방안에는 어떤 것들이 있을까요?

하헌법 ── 민식이법이 시행되기 전후를 모두 살펴보아도 스쿨존 내에서 일어난 어린이 교통사고 원인의 상당수를 차지하는 것이 불법유턴과 신호위반, 불법 주정차입니다. 특히 신호위반/과속 단속용 폐쇄회로텔레비전(CCTV)은 설치되어 있지만 불법 주정차는 여전히 지속되고 있는 곳이 더러 있습니다. 따라서 이런 곳들을 찾아 집중적으로 CCTV를 설치하여 신호위반과 불법 주정차 단속을 강화하고, 경찰에서 학교폭력에 대한 업무뿐만 아니라 스쿨존 교통안전 업무

▲ 어린이 보호구역에 설치된 무단횡단, 불법유턴방지 펜스와 보행자 안전 펜스

도 함께 운영하는 등 교통법규 위반에 대한 단속을 강화해야 합니다. 또 이륜차와 부딪혀도 어린이들은 크게 다칠 수 있으므로 이륜차 등을 포함하여 스쿨존 내에서 일어나는 교통법규 위반에 대한 처벌도 강화해야 합니다.

김안전 ── 단속도 중요하지만 어린이 보호구역 안에서 교통사고 원인 중 큰 비중을 차지하는 무단횡단, 불법유턴 등을 막기 위해 넛지 효과를 활용할 필요가 있습니다.

스쿨존 보행로 근처에 안전 펜스를 넓게 설치하여 무단횡단을 하거나 도로로 뛰어나오려는 어린이들을 횡단보도로 유도하고, 무단횡단과 불법유턴 모두를 막을 수 있는 우레탄 중앙 분리 울타리를 설치하여야 합니다. 또 꼭 필요한 곳에는 멀리 돌아가지 않아도 되도

록 육교나 지하도를 설치하면, 사고 원인이 되는 무단횡단 등 교통
법규 위반을 크게 감소시킬 수 있을 것입니다.

이석연 ── 어린이 보호구역임을 도로면에 크게 표시하고 옐로카펫, 노
란 신호등, 차량 속도 측정기 등의 안전시설 설치를 통해 운전자에
게 어린이 보호구역임을 환기하고 스스로 차량의 속도를 줄이도록
유도하여 교통사고 발생 빈도가 크게 감소하였습니다. 또 아이들에
게도 도로에 뛰어나가지 않고 차례로 줄을 서서 기다리도록 노란 발
자국을 운영하는 것도 넛지 효과를 이용한 사례입니다.

김안전 ── 맞습니다. 도로면보다 횡단보도를 높게 만든 고원식 횡단보
도와 연속 과속방지턱 등으로 자연스레 횡단보도에 접근하며 운전
자가 속도를 줄일 수 있게 한 것도 유사한 사례입니다. 또 독일의 사
례와 같이 사고가 빈번한 스쿨존에서 보행자와 차량이 급하게 뛰어

▲ 태안군 드라이브스루 승·하차구역　　　　　　　　　　© 태안군청

나가는 것을 방지하기 위해 보행자 신호와 차량 신호 간격 사이에 3~4초간 간격을 두는 것을 도입하는 일도 큰 비용 없이 사고빈도를 효과적으로 줄일 수 있습니다.

이석연 —— 학교 근처에 공간을 충분히 확보할 수 있다면 학교 앞 불법 주정차를 막고 편리하게 차량을 활용하여 등·하교하는 학생들이 차에서 타고 내릴 수 있도록 어린이 승·하차구역(드랍존)을 설치하는 것도 하나의 방법입니다. 실제로 충남 태안군에서는 공간 확보가 용이한 몇몇 학교에 드라이브스루 승·하차구역을 설치하여 어린이들의 빠르고 안전한 등·하교 시스템을 조성하였다고 합니다.

하헌법 —— 교육을 통해 운전자와 어린이의 의식을 개선하는 것도 꼭 필요하다고 생각합니다. 가정에서 어려서부터 횡단보도를 건널 때 뛰지 않고 차량이 오는지 확인하며 천천히 걸어서 건너도록 가르쳐야 합니다. 어떻게 보면 교통사고의 희생자를 모욕하는 행위가 될 수 있는 민식이법 놀이와 같은 행위가 얼마나 비윤리적인지 가르치는 것도 꼭 필요하다고 봅니다. 또 보행로가 부족해서 어린이 교통사고가 빈번한 지역에서는 속도 제한 가방 커버를 아이들에게 보급하여 어디서든, 어떤 날씨에서든 운전자에게 주의를 환기하고 아이들이 보호받을 수 있도록 할 수 있습니다. 특히 운전자들도 우회전 시 아이들이 횡단보도에 갑자기 돌입할 수 있으므로 항상 감속, 일단 정지하여 안전을 확인한 후 출발하는 습관을 들이도록 해야 합니다.

마무리 발언

사회자 ── 전문가들의 의견 잘 알겠습니다. 이미 저희 집 근처 스쿨존에도 설치하여 운영 중인 것도 있지만, 어린이 보호구역 교통사고 빈도 감소를 위해 아직도 많은 고민과 협의가 필요한 것 같습니다. 이제 시간이 다 되었으니 마무리 발언을 부탁드리겠습니다.

하헌법 ── 단속을 통해 사고를 예방하는 것도 필요하지만 넛지 효과를 활용하여 자연스레 안전운전에 참여하도록 하는 일도 중요한 것 같습니다. 앞으로 어린이 모두가 안전한 등·하굣길을 보장받을 수 있는 시기가 오기를 희망합니다.

이석연 ── 차량의 원활한 소통과 안전 확보라는 두 마리 토끼를 모두 잡기 위해서는 잘 계획된 도시 및 교통 시스템 설계가 필요한 것 같습니다. 조사를 통해 해외의 사례도 참고하되 우리나라의 실정에 맞게 변형하여 잘 적용할 수 있으면 좋겠습니다.

김안전 ─ 모든 어린이 보호구역에 공통적으로 적용할 수 있는 안전대책을 만드는 것도 물론 중요하지만 각 학교 실정에 맞는 안전대책을 고안하여, 적재적소에 맞게 활용하는 일도 중요한 것 같습니다. 전국 모든 스쿨존이 안전해질 때까지 열심히 노력하겠습니다.

민식이법이 워낙 뜨거웠기에 민식이법과 같이 통과된 하준이법에 대해서는 잘 알지 못하는 경우도 있습니다. 하준이법은 2017년 경기도 과천의 놀이공원 주차장에서 세워 둔 차가 굴러오는 사고로 숨진 최하준 군의 이름을 딴 법 개정안을 말합니다. 이때 차가 굴러오게 된 원인은 사고 차량의 운전자가 자동차의 기어를 주차Parking가 아닌 주행Driving에 놓고 내렸기 때문으로 밝혀졌습니다.

이번에 통과된 주차장법 개정안은 경사진 주차장에서는 미끄럼 방지를 위한 안내표지를 갖추도록 하며, 운전자 또한 경사진 곳에 주차 시 차량이 미끄러져 사고를 유발하지 않도록 조치할 의무를 나타낸 법률입니다. 이에 따라 운전자는 경사진 곳에 차량을 주차할 때 사이드브레이크와 기어를 주차P에 두는 것은 당연하고, 주차 시 바퀴에 고임목을 설치하거나 바퀴가 도로 바깥쪽으로 향하도록 핸들을 꺾어 놓을 필요가 생겼습니다. 이미 외국에서는 일상화된 법안으로 언덕의 도시라 불리는 샌프란시스코 등에서는 차가 밀려 2차 사고가 발생하는 것을 예방하기 위해 필요한 조치를 취하지 않을 경우 금세 범칙금 티켓이 발부된다고 합니다.

자동차전용도로와 같은 고속화 도로를 제외한 도시부 내 모든 도로에서 도로의 제한속도를 시속 10km씩 낮추는 정책이 안전속도 50/30입니다. 앞에서 논의한 것과 같이 교통사고 빈도와 사망률을 낮추기 위한 정책으로 볼 수 있습니다.

도시부 주요 시내 도로에서는 제한속도를 시속 50km로 하며(시·도경찰청장이 필요하다고 판단한 경우에는 시속 60km까지 가능) 시내도로와 이어진 주거지의 좁은 길인 이면도로(생활도로)에서는 시

속 30km로 차량의 운행을 제한합니다. 개정된 「도로교통법」에 따라 처벌도 같이 강화됩니다만 비판의 여론도 만만치 않습니다. 안전속도 50/30을 해외에서 먼저 시작한 것은 유럽, 일본 지역입니다. 유럽과 일본의 좁고 구불구불한 도로 사정상 적합한 제한속도가 시속 50km인 것을 우리나라 실정에 맞지 않게 그대로 도입했다는 것과, 외국과 달리 어디든 사람이 살고 있어 대부분이 시내 도로인 우리나라에서 적용했을 때 차량의 원활한 흐름을 방해할 수 있다는 의견 또한 있습니다. 특히 독일의 사례와 비교하며 도심부 교통 흐름을 완만하게 할 경우 시외 도로의 속도 제한을 늘리는 것이 필요하다는 의견도 있습니다. 미래에 모든 차량에 자율 주행이 적용된다면 이런 조치들이 불필요한 것이 될 수 있습니다. 낙관적으로 보자면 자율 주행으로 사고율이 큰 폭으로 줄어들고 '가다', '서다'가 반복됨으로 인해 제동 시간이 누적되며 발생하는 정체현상도 사라질 테니까요.

속력 제한만으로 교통사고 시 발생하는 사망사고를 예방할 수 있을까

1. 다음 제한속도와 교통사고 발생에 대한 토론 내용을 보고, 각 주장에 관한 근거 또는 방법을 정리해 적어 보세요.

속력 제한만으로 교통사고 시 발생하는 사망사고를 예방할 수 있을까?

모든 차량이 어린이 보호 구역 내에서 제한속도 기준 시속 30km를 지키면 사망사고 예방이 가능한가?	예방이 가능하다. 근거 :	예방에 부족함이 있다. 근거 :
스쿨존 내 교통사고 발생 시 사망률을 낮추기 위한 방법은?	방법:	
스쿨존 내 교통사고 발생 빈도를 낮추기 위한 방법은?	방법:	

2. 제한속도와 교통사고에 관한 자신의 생각을 적어 보세요.

▲ **니콜라 시카르**(1846~1920년), 「**사고**」, **1882년.** 교통사고는 자동차가 탈것의 대명사로 자리잡기 이전부터 존재했다. 물리학자이자 화학자인 마리 퀴리의 남편인 피에르 퀴리도 아내와 함께 노벨상을 수상한 후 소르본 대학 교수로 위촉되었지만 47세라는 학자로서 한창인 나이에 출근길 교통사고로 숨졌다. 술이 덜 깬 마부가 마차 바퀴로 치어 버린 까닭에 피에르 퀴리는 사고 현장에서 즉사했으며, 이 마부는 프랑스의 위대한 과학자를 죽인 살인죄로 무기징역을 선고받았다. 현대의 음주운전 사고는 어떻게 처벌하고 있는지 찾아보자.

유전자치료

— 유전자치료법을 사용해야 하는가

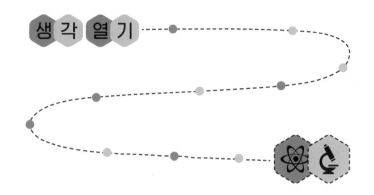

여러분은 유전자^{gene}라는 단어를 교과서나 대중매체에서 많이 들어 봤을 겁니다. 그럼 이 '유전자'는 과연 무엇일까요?

유전자를 설명하기에 앞서 먼저 DNA$^{deoxyribonucleic\ acid}$에 대해 살펴보아야 합니다. DNA는 당, 염기, 인산으로 구성된 단위체가 결합하여 이루어져

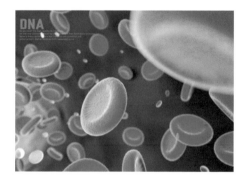

▲ 유전자란 DNA에 담겨 있는 생명체의 유전정보를 말한다.

있습니다. 구조는 1953년 왓슨과 크릭이라는 과학자에 의해 나선의 이중가닥 모양이라는 것이 밝혀졌으며 이 DNA는 실을 감을 때 사용하는 실패 역할을 하는 히스톤 단백질에 돌돌 말려 '염색사' 상태로 우리 몸을 이루고 있는 세포 속 핵이라는 곳에 위치해 있습니다. 그리고 세포가 분열할 때 '염색체'라는 더 응축된 상태로 만들어져 세포가 둘로 분열할 때 DNA가

쉽게 이동하게 되죠. 이러한 DNA를 구성하고 있는 네 가지 종류의 염기 배열이 마치 암호처럼 유전정보를 담고 있는데 그중 생명체의 형질을 결정할 수 있는, 즉 단백질로 발현될 수 있는 DNA 부분을 유전자라고 합니다. 간단하게 정리하자면 유전자란 DNA에 담겨 있는 생명체의 유전정보라고 할 수 있습니다.

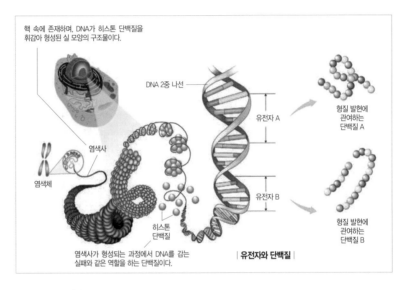

핵 속에 존재하며, DNA가 히스톤 단백질을 휘감아 형성된 실 모양의 구조물이다.

DNA 2중 나선

유전자 A

형질 발현에 관여하는 단백질 A

염색사

염색체

히스톤 단백질

유전자 B

형질 발현에 관여하는 단백질 B

염색사가 형성되는 과정에서 DNA를 감는 실패와 같은 역할을 하는 단백질이다.

| 유전자와 단백질 |

▲ DNA의 구조

이러한 유전자를 치료하는 '유전자치료'는 유전자에 이상이 생겨 질병이 발생한 경우 비정상적 유전자를 정상적 유전자로 대체하여 비정상적 유전자가 발현되지 않도록 해 주거나 질병을 억제할 수 있는 새로운 기능이 추가되도록 하는 것입니다.

현재 유전자치료는 암, 중추신경계질환, 심혈관계 질환, 자가면역질환, 감염증 등 치료방법이 많이 없는 난치병 치료로 각광받고 있습니다.

유전자치료의 방법은 여러 가지가 있는데 바이러스 운반체를 이용한 방법은 바이러스 운반체에 정상 유전자를 삽입한 후, 우리 몸을 구성하고 있는 세포핵에 정상 유전자를 전달해 주는 기능을 합니다. 주로 레트로바이러스[1]나 아데노바이러스[2] 등을 사용한 실험이 가장 많이 연구되었죠. 바이러스 외에도 세포막과 동일 성분인 인지질 이중층으로 이루어진 리포솜[3] 안에 정상 유전자를 주입하여 비정상 유전자에게 전달해 주는 방법도 사용되고 있습니다. 그리고 아직 인간에게 상용화된 기술은 아니지만, 최근에는 크리스퍼 유전자 가위라고 알려진 Cas9 단백질을 이용하여 좀 더 정교하게 비정상 유전자를 수정 가능하도록 하는 기술까지 발전하였습니다.

여기까지 논의한 내용을 보자면 여러분은 '이렇게 좋은 치료 기술의 발전과 사용 가능성에 대해 논쟁을 할 필요가 있는가?'라는 의문이 들 수 있습니다. 유전자치료법이 현재 치료하기 어려운 난치병 치료로 주목받고 있는 방법인 것은 사실이지만 기술의 안전성과 윤리적 문제 측면으로 우려의 목소리 역시 존재합니다.

자, 그렇다면 여러분의 생각은 어떠한가요? '유전자치료'에 대한 쟁점 속으로 함께 떠나 볼까요?

유전물질이 단일가닥 RNA인 동물성 바이러스 중에서 단일가닥 RNA가 DNA 합성 때 주형으로 작용하는 무리

1953년 W. P. 로 및 휴브너 등이 인체에서 적출한 구개편도와 아데노이드의 조직배양에 의하여 발견한 바이러스

지질이 만든 구형이나 타원형 구조체

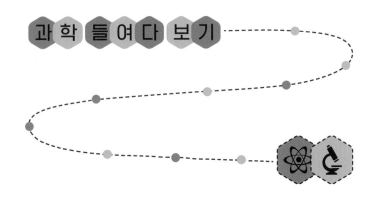

과학 들여다보기

▲ 유전공학과 현대의학의 발전으로 생명을 위협하거나 심각한 장애, 질병에 유전자치료를 사용하고 있다.

과거에 비해 유전공학과 현대의학은 눈부신 발전을 해 왔습니다. 그 발전으로 현재 인간은 이미 생명을 위협하거나 치료방법이 없는 심각한 장애, 질병에 유전자치료를 사용하고 있죠. 이론적으로 유전자치료는 체세포, 줄기세포, 생식세포를 대상으로 시도할 수 있지만 생식세포를 대상으로 한 유전자치료는 일부 연구목적 이외에는 우리나라를 비롯한 40여 개국에서 엄격하게 금지하고 있습니다. 체세포 유전자치료와는 다르게 수정란이나 발생 초기 배아를 유전자치료에 활용하는 방법은 그 이후 세대까지 삽입된 유전자가 전달되기 때문입니다. 그럼 몇 가지 사례와 함께 체세포, 줄기세포, 생

교과서 토론 | 과학

식세포 유전자치료가 각각 어떤 의미를 갖는지 같이 구체적으로 살펴보도록 합시다.

최초의 유전자치료로 보고된 사례는 1990년 중증복합면역결핍증severe combined immunodeficiency: SCID 치료를 시도한 예인데, 이 병은 면역반응에 중요하게 관여하는 면역세포의 수가 급격하게 줄어드는 병이며 근본적인 치료방법이 없었습니다. 또 여러 개의 유전자가 관여하는 병이 아닌 하나의 유전자 이상으로 인해 병이 발현되는 질환이었기에 유전자치료를 시도하기에 적합하다고 판정되어 이 병에 걸린 아이를 대상으로 체세포 유전자치료를 시행하게 되었습니다. 하지만 유전자치료 효과가 오래 지속되지 않았는데, 넣어 준 정상 유전자를 가진 체세포가 자연 소실되어 버렸습니다. 그래서 이후 체세포가 아닌 줄기세포인 조혈모세포에 정상 유전자를 넣도록 하는 유전자치료로 바꾸어 시도되었습니다. 다른 세포로 분열할 수 없는 체세포와 달리 조혈모세포는 새로운 면역세포들로 분화할 수 있는 능력을 가지고 있어 정상 유전자가 환자의 몸에 안착할 수 있는 확률을 높일 수 있다고 판단한 것이죠. 시술 결과 아이는 현재까지 면역기능이 상당히 회복되었고 유전자치료가 환자를 정상화시키는 의미 있는 사례로 알려져 있습니다.

또 다른 사례로 2018년 11월 제2회 인간 유전자편집 정상 회담의 인간 배아편집 세션에서 중국의 허젠쿠이 박사의 발표가 세계적으로 큰 이슈가 된 것을 들 수 있습니다. 에이즈AIDS(후

천 면역 결핍증) 바이러스에 대해 면역력을 갖도록 유전자를 편집한 쌍둥이가 태어났다는 것이었죠. 에이즈 바이러스가 세포 내에 침투하기 위해서는 CCR5라는 수용체를 통해 들어오는데, CCR5 수용체의 유전자를 편집을 통해 제거해서 에이즈에 걸리지 않는 내성을 갖는 인간이 만들어졌다는 내용이었습니다. 전 세계 사람들은 실제 사람을 대상으로 유전자를 교정한 최초의 사례이기 때문에 굉장히 주목했습니다. 그러나 대부분 각국의 과학자와 정부는 인간의 배아 유전자를 목적에 맞게 치료하고 조작한다는 것에 대해 반대하고 있는 입장입니다.

앞서 제시한 사례들을 바탕으로 다시 한번 정리해 보자면 유전자치료는 체세포, 줄기세포, 생식세포에 적용할 수 있습니다. 그중 체세포 유전자치료는 정상 유전자를 환자의 체세포에 주입한 방법으로, 환자 개인에게만 영향을 주고 자연 소실될 가능성이 크기 때문에 주기적으로 반복 주입해야 합니다.

줄기세포 유전자치료는 생명체를 구성하는 세포 중 소량으로 존재하지만 새로운 세포가 요구되는 상황이 되면 줄기세포가 분화하여 새로운 세포를 만들어 내게 합니다. 앞서 SCID 환자를 대상으로 시술한 최초의 유전자치료에서는 '조혈모세포'가 줄기세포로서 면역세포로 분화할 수 있는 역할을 합니다. 줄기세포를 대상으로 한 유전자치료는 체세포 치료와 비교했을 때보다 덜 주기적으로 주입하겠지만, 생식세포 유전자치료처럼 유전되지 않으므로 다음 세대에 병이 다시 발병할 수 있습니다.

　생식세포 유전자치료는 체세포치료와 줄기세포 유전자치료와는 달리 모두 분화가 완료된 하나의 개체를 대상으로 치료하는 것이 아닌 허젠쿠이 박사의 사례처럼 배아나 수정란에 정상 유전자를 삽입하거나 비정상 유전자를 발현하지 못하도록 하여 병을 치료하는 방법입니다. 유전자가 교정된 배아는 성체가 되어 자손을 남겼을 때 바뀐 유전자를 전달할 수 있어서 다음 세대에 지속적으로 영향을 미칩니다. 이러한 생식세포를 이용한 유전자 교정은 아직 태어나지 않은 아기를 편집한 것이고, 아직 존재하지 않는 질병을 치료한다는 점에서 논쟁거리를 가지고 있습니다. 아이가 어떻게 태어날지를 결정하는 것이 부모의 권리인지 윤리적인 문제도 생각해 보아야 하고요. 자, 그렇다면 유전자치료에 대해 충분히 살펴보았으니 공개 토론회에 참여해 보도록 합시다.

유전자치료법을 사용해야 하는가

유전자치료는 병이 생기게 하는 유전자에 정상 유전자를 주입하거나 병의 발전을 막기 위해 유전자를 교정한다. 이러한 유전자치료는 치료법이 없는 난치병을 치료할 수 있는 기술이기 때문에 발전시키고 사용해야 하며, 유전자치료와 같은 과학 기술을 발전시켜 인간에게 선택의 여지를 만들어 주는 것이 과학이 나아가는 방향이라는 긍정적인 의견이 있다.

반대로 유전자의 교정은 치료의 목적이 인간의 욕심을 채우는 쪽으로 변질될 수 있기 때문에 생명의 존엄성을 위협할 수 있다. 또 면역반응이 일어나 정상세포들이 파괴될 위험이 있으며 주입된 정상 유전자가 자연스럽게 소실될 가능성이 있다는 기술적인 한계를 근거로 반대하는 의견 역시 존재한다.

이곳은 '유전자치료법을 사용해야 하는가?'에 대해 자유롭게 의견을 나누는 토론회장이다. 토론은 세 가지 주제로 나누어서 진행될 예정이다.

체세포와 줄기세포 유전자치료를 사용해야 하는가

사회자 ── 이번 주제는 체세포와 줄기세포를 대상으로 시행하는 유전자치료로 한정하여 진행합니다. '체세포와 줄기세포를 대상으로 하는 유전자치료를 사용해야 하는가?'에 대한 의견을 한 분씩 돌아가면서 말씀해 주시죠.

토론자 1 ── 저는 체세포와 줄기세포로 유전자치료를 한정한다고 해도 유전자치료를 사용하면 안 된다고 생각합니다. 유전자치료는 사실상 불가능하다고 생각하기 때문입니다. 실제로 대부분의 질병은 단일 유전자의 이상으로 발생하는 경우가 극히 드물며, 여러 개의 유전자가 복합적으로 작용하여 병이 발병합니다. 그러므로 체세포와 줄기세포 유전자치료 기술을 개발한다고 해서 모든 치료의 근본적인 해결방안이 될 수 있다고 생각하지 않습니다.

토론자 2 ── 네, 맞아요. 저도 체세포와 줄기세포 유전자치료라고 하더라도 아직 도입하기에는 이르다고 생각합니다. 토론자 1 님께서 말씀해 주신 대로 대부분의 병은 여러 개의 유전자가 관여하는 것이 사실입니다. 예를 들면, 연구를 통해 어떤 질병이 유전자 다섯 개가 관여되는 질병이라는 것을 알았다고 하더라도 그 유전자 다섯 개를 각각 얼마만큼 어떻게 유전자조작을 해야 할지에 대한 연구가 충분히 된 후 유전자치료를 해야 한다고 생각합니다.

토론자 3 ── 저는 과학에 대한 지식이 부족해서 그런지 몰라도, 연구가 충분히 되었다고 해도 유전자를 조작하거나 바꾼다는 것에 대해 거부감이 듭니다. 그 유전자가 생각하는 대로 발현이 안 되고 다르게 발현될 수도 있는 것 아닌가요? 유전자 조작으로 필요한 유전자 부분이 망가질 수도 있는 거고요. 물론 어떤 치료도 100%의 안전성을 보장하지는 않지만 유전자치료는 부작용이 더 클 것 같아요.

토론자 4 — 저는 체세포와 줄기세포로 유전자치료를 하는 것은 환자가 선택할 수 있는 선택지를 늘려 줄 수 있는 방법이기 때문에 시행되어야 한다고 생각합니다. 병을 치료할 수 있는 약이 개발되었다면 그 약을 선택하겠지만, 유전자치료밖에 선택할 수 없는 난치병 환자의 상황이라면 선택할 수 있는 선택지는 주어져야 하는 게 아닌가요? 유전자치료가 어떤 환자에게는 유일한 희망일 수도 있습니다.

토론자 5 — 유전공학을 포함한 과학이 이만큼 발전한 시대를 살아가는데, 유전자치료를 연구하는 건 필수적이라고 생각합니다. 물론 부작용도 있고 사회적인 문제도 있겠지만 그렇다고 해서 연구를 막고 규제하는 것이 과연 최선의 방법일까요? 우리나라가 엄격하게 규제한다고 하더라도 다른 나라 중 유전자치료를 연구하는 나라가 있지 않을까요? 우리나라는 기술적으로 충분히 앞서고 있습니다. 임상 1단계, 2단계를 통과하여 3단계에 놓여 있는 유전자치료제도 여러 개 있고요. 치료제 개발로 인해 생기는 경제적 효과에 대해서 생각해 보셨나요? 저는 오히려 부족한 유전자치료제 생산시설을 충분히 갖추도록 하고 이미 존재하는 생산시설을 더욱 개선하여 우수

의약품 생산시설^{cGMP}급으로 발전시켜야 한다고 생각합니다.

사회자 — 네, 그럼 말씀해 주신 의견을 종합해 보면, 반대 측 입장에서는 유전자치료법은 근본적인 치료방법이 될 수 없다, 유전자치료는 부작용이 일어나기 쉬울 것이고 거부감이 존재한다고 말씀해 주셨고, 찬성 측 입장에서는 그래도 유전자치료밖에 할 수 없는 난치병 환자들에게는 선택 기회를 주어야 한다. 경제적 효과를 비롯하여 과학이 발전된 시대를 살아가는데 유전자치료 연구는 필수적이라고 말씀해 주셨습니다. 그럼 이제 자유롭게 질문과 답변하는 시간을 갖도록 하겠습니다.

토론자 3 — 그럼 지금 현재 체세포와 줄기세포를 대상으로 유전자치료가 병원에서 이루어지고 있는 건가요?

토론자 4 — 네. 미만성거대B세포림프종, 베타지중해빈혈, 유전성 망막질환, 진행성근이영양증, 중증복합면역결핍병^{SCID}에만 제한적으로 쓸 수 있습니다. 이 병들은 단일 유전자 이상으로 인해 발병된 병이며, 유전자치료가 다른 치료보다 효과적이고 유일한 방법이 될 수 있다고 검증된 것이죠.

토론자 1 — 말씀하신 것처럼 유전자치료가 현재 사용 중인 방법이지만, 부작용에 대해서도 충분히 알고 계신가요? 첫째로 정상 유전자를 주입했을 때 그 정상 유전자가 계속 기능을 할 것인지 실효성에 대해 의문을 제기할 수 있습니다. 주입된 정상 유전자가 자연스럽게 소실될 가능성이 있으니까요. 두 번째로 유전자치료의 안전성에 대한 측면입니다. 기존에 개체가 가지고 있던 유전자를 변화시키면 우리 몸의 면역 시스템이 변화된 유전자를 외부에서 들어온 비자기 non-self 물질로 받아들여 공격해야 하는 대상으로 인식할 수 있습니다. 그럼 면역반응이 활성화되면서 우리 몸에 필요한 세포들이 파괴되어 버리겠지요. 이와 더불어 유전자의 변화로 인해 돌연변이가 발생할 가능성이 높아지고 더불어 암 발생률이 증가할 수도 있습니다.

토론자 4 —— 말씀해 주신 대로 유전자치료는 유전자를 변형하는 것이기 때문에 부작용 또한 존재합니다. 하지만 모든 치료법과 약은 부작용이 존재하기 마련이고 위험을 감수할 만하다는 의료진과 환자의 판단으로 이루어지는 것이죠. 그런 논리대로라면 모든 약과 치료법을 행할 수 없겠지요.

토론자 2 —— 부작용이 훨씬 크다는 것을 알면 아무리 치료방법이 없더라도 그 치료법을 선택할까요?

토론자 5 —— 부작용이 클지 안 클지는 예측하기 어려운 것이고 지금 우리가 먹는 약이나 치료법도 여러 시행착오 과정 속에서 발전된 결과물이라는 생각은 안 해 보셨나요?

토론자 2 —— 그럼 그 과정 속에서 행해질 수 있는 문제점에 대해서는 생각해 보셨는지요? 제시 겔싱어라는 환자를 대상으로 했던 유전자치료 사례를 아시나요? 아밀레이스 효소 이상으로 생긴 병을 가진 18세 환자였는데 약이나 식이조절만 잘하면 생명에는 지장이 없었습니다. 하지만 의사가 유전자치료를 강행하여 아까운 환자의 목숨이 희생되었죠.

토론자 5 ── 네, 하지만 그 사례는 특수한 경우였습니다. 의사가 안전성에 대해 환자와 보호자에게 제대로 설명해 주지 않았고, 동물실험 결과가 있었음에도 그 실험 결과를 무시했습니다. 그리고 그 유전자치료 특허를 가진 제약회사와 어떤 거래가 있었다는 정황도 밝혀졌습니다. 이를 계기로 관련 규정이나 지침들이 활발하게 논의되었지요. 규정이나 지침을 더 자세하고 명확하게 규정해야 하는 것이지, 이런 사례가 있으니 유전자치료를 하지 말아야 한다는 것은 하나의 사례로 모두 그럴 것이라고 지나치게 일반화하는 일입니다.

토론자 4 ── 맞습니다. 단지 낯선 기술이라는 이유로 거부감을 갖고 계신 게 아닌지 생각해 보아야 합니다. 시험관 시술도 처음에는 윤리적·기술적 이유를 들면서 반대하는 의견이 많았지만, 지금은 불임 부부에게 아이를 갖게 해 주는 중요한 기술이잖아요.

토론자 3 ── 하지만 충분한 합의를 거치지 않고 어떤 과학기술이나 결과가 사회에서 이용되다가 문제점이 걷잡을 수 없이 커져 버린다면, 그 문제점이 인간을 더욱 피폐하게 하고 행복하지 않게 만든다면, 과학기술은 누구를 위한 기술이 되는 것이죠?

토론자 4 ── 그렇기 때문에 문제가 커지지 않게 충분한 합의를 거쳐야 하고, 인간에게 가장 합리적이고 행복할 수 있는 방법을 함께 찾아야죠. 그 과정을 피하는 것만이 근본적인 해결방법은 아니라고 생각합니다. 부작용을 최소화해서 인간이 좀 더 나은 삶을 살 수 있게 하는 것이 과학의 역할 아닐까요?

토론자 2 ── 그럼 찬성 측에서는 체세포 줄기세포를 대상으로 한 유전자치료의 부작용을 줄이는 방법으로 어떤 것이 있다고 생각하십니까?

토론자 5 — 유전자치료의 효과성을 입증할 수 있게 실험을 세분화해서 진행해야겠죠. 예를 들면, 체세포 유전자치료라고 해도 인간의 세포를 밖으로 빼서 정상 유전자를 넣고 몸에 주입할 건지, 몸 안 세포에 정상 유전자를 직접 주입하게 할 건지 질병마다 특징과 유전자에 대한 연구를 해야 합니다. 또 정상 유전자를 어떻게 주입할 건지 어떤 바이러스를 이용할 건지 등을 세분화하여 실험함으로써 효과성을 입증하고 부작용을 최소화하기 위한 방향으로 나아가야 합니다. 그리고 계속해서 연구 결과를 공유하고, 발생할 수 있는 문제점에 대해 합의하고 규정을 정하는 과정을 거쳐야 합니다. 이렇게 한다면 올바르게 나아갈 수 있을 것입니다.

사회자 — 양측 의견 모두 잘 들어 봤습니다. 체세포와 줄기세포 유전자치료의 부작용과 부작용을 최소화하기 위한 방법, 나아가 과학기술 발전 방향에 대한 의견까지 들어 볼 수 있었습니다. 그럼 다음 주제로 넘어가 볼까요?

주제 2
배아나 수정란 유전자치료를 사용해야 하는가

사회자 — 이번 주제에서는 배아나 수정란의 유전자치료를 사용해야 하는가에 대해서 자유롭게 의견 들어 보도록 하겠습니다.

토론자 5 ── 배아나 수정란을 유전자치료에 활용하는 것은 유전병이 다음 세대로 전해지는 악순환을 끊을 수 있는 가장 확실한 방법이라고 생각합니다. 유전자의 문제로 발생하는 유전병들은 태어난 이후에 치료하는 것이 매우 힘들고, 무엇보다 치료 방법이 없어서 치료를 해 보지 못하고 죽음을 기다려야 하는 병도 많습니다. 그리고 병을 치료하거나 완화하기 위해 개인에게 요구되는 비용, 사회적인 비용, 환자와 가족이 겪는 정신적인 아픔도 물론 줄어들 것이고요.

토론자 4 ── 생식세포를 대상으로 하는 유전자 조작은 여러 가지 문제점이 존재하지만 그렇다고 연구를 멈추게 해서는 안 됩니다. 과학이 계속 발전하도록 해야지요. 반대하는 의견 중 생명의 존엄성을 해칠 수 있다는 의견이 많은데요. 생명의 존엄성 정의에 대해 생각해 보면 예전에는 인간이 개입하면 안 되며 신의 영역이라고 생각했지만, 과학이 발전하면서 기술을 받아들이는 쪽으로 바뀌어 온 것이 사실 아닙니까?

토론자 3 ── 생명의 존엄성에 대한 정의가 기술을 수용하는 쪽으로 변화했다는 말에는 동의합니다. 하지만 그건 실험 결과를 통해 그 기술이 수용될 만하다고 합의에 도달한 뒤입니다. 과연 이 기술이 이러한 합의에 도달할 수 있을지에 대해 전 회의적입니다. 왜냐하면 배아를 대상으로 유전자 조작 실험이 불가능하기 때문이죠. 아무리 동물실험으로 기술의 안전성을 높인다고 하더라도 인간을 대상으로 임상실험을 할 수 없다는 것이 이 기술을 합의에 도달할 수 없게 할 겁니다. 아무리 환자와 의료진의 선택으로 유전자조작술이 시행

됐다고 해도 그 책임을 환자와 의료진에게 돌리는 것으로 합의가 이루어질 수 있을까요? 어떤 배아가 성인이 되고 예후를 모두 관찰하는 과정이 필요할 텐데, 결국 초기 연구 과정에서 많은 피해자가 나올 수밖에 없습니다. 질병 유전자를 가지고 있는 부모들은 태아 유전체 검사 등을 해서 질병을 피할 수 있는 대안도 있고요. 따라서 아직 시행하기에는 시기상조라는 의견입니다.

토론자 2 ── 저도 반대하는 입장인데요. 생식세포를 대상으로 하는 유전자치료는 부모의 선택으로 배아가 만들어지는 것입니다. 이게 윤리적으로 옳은지에 대해 의문이 들어요. 그리고 다른 이유로는 유전자 조작을 하면 많은 비용이 들 텐데 그럼 결국 비용을 낼 수 있는 경제적 여유를 가진 사람만이 건강하고 능력이 뛰어난 아기를 갖게 되는 것 아닌가요?

토론자 5 ── 토론자 2 님께서 말씀하신 비용 문제는 물론 처음에는 큰 비용이 들겠지만 이는 기술이 정착할 때까지는 필연적인 과정입니다. 치료가 점점 수요가 많아지고 대중화되면서 자연스럽게 비용이 줄어들 것이기 때문에 비용 때문에 유전자치료를 막을 수는 없다고 생각합니다. 또 유전자 조작으로 태어날 아기가 본인의 선택이 아닌 부모의 선택으로 맞추어진 아기라는 점에 윤리적인 의문을 제기해 주셨는데요. 생명에 지장이 있을 수 있고, 치료방법이 없는 병으로 고통받을 수 있다는 것을 알면서 그 병을 갖고 태어나기를 원하는 아기가 있을까요? 윤리적인 문제는 이러한 유전자 조작이 병의 치료 목적이 아닌 인간의 욕심을 채우는 쪽으로 아기를 태어나게 할 때 문제가 될 것이라고 생각합니다.

토론자 4 — 그러므로 이 기술을 무조건 배제하고 거부하기보다 어떻게 하면 부작용이 적게, 안전하게 시술할 수 있을지 같이 고민하는 것이 필요하다고 생각합니다. 반대 측 입장에서 말씀하신 대로 아직 지금의 기술로는 시기상조다, 안전성에서 위험도가 너무 크다는 의견에도 어느 정도 동의하고요. 하지만 기술은 스스로 발전하지 않습니다. 많은 사람이 피땀 흘려 노력하고, 공들여야 비로소 한발 한발 나아가는 것이죠. 따라서 인간 배아를 대상으로 유전자치료를 하기 위해 세분화된 연구와 충분한 논의가 필요하다는 것입니다. 그래야 사회적 합의를 이끌어 낼 수도 있고요.

토론자 3 — 찬성 측에서 말씀하신 내용을 들어 보니 인간 배아나 수정란을 대상으로 유전자치료가 충분히 안전하다고 인정할 수 있는 수준으로 발전된다면, 생명을 위협하는 심각한 질환에 한정해서 허용하는 것은 받아들일 수 있을 것 같다는 생각이 드네요. 하지만 그 허용 범위가 점점 넓어질 수 있다는 위험요소는 여전히 갖고 있는 문제이기 때문에 신중해야 한다고 생각합니다.

주제 3
유전자치료 대상이 되어야 하는 질환을 구분해야 하는가

사회자 — 유전자치료가 허용된다면 이후 그 범위를 넓히자고 주장하는 이들이 생길 것입니다. 그렇다면 처음에는 심각한 유전병에 부분적으로 허용했다가, 다른 다양한 질병으로 범위를 넓히고, 나아가서 치료 목적을 넘어 인간의 욕심을 채우는 방향으로 가게 되는 것이죠. 이러한 방향으로 가는 것을 막기 위해 유전자치료 대상이 되어야 하는 질환을 구분해야 하는가에 대한 생각을 말씀해 주시길 바랍니다.

토론자 5 ── 저는 치료대상이 되어야 하는 질환과 안 되는 질환 구분 없이 유전자 조작을 해도 된다고 생각합니다. 과거에는 사회 분위기나 국가의 통치 이념에 따라 개인의 자율성이 존중되지 않았지만, 현대사회는 개인의 자율성이 매우 중시되고 있습니다. 그러므로 개인의 선호와 자율적 선택을 바탕으로 유전적 조작을 통해 병이 치료되고 설령 그것이 유전자를 개량하는 목적이라고 하더라도 존중해 주어야 한다고 생각합니다.

토론자 2 ── 개인의 자율적 선택이라는 명목하에 유전자 조작이 행해진다고 하더라도 그로 인해 발생되는 문제점들은 개인이 책임질 수 없는 것이라고 생각합니다. 자율적 선택은 책임을 어느 정도 질 수 있을 때, 발생하는 문제점들을 해결할 수 있는 대안이 있을 때 하는 것이죠. 유전자 조작은 유전자 이상으로 인한 유전적 질환, 치료방법이 없는 난치병을 대상으로 한정해야 합니다. 제한을 두지 않는다면 병을 치료하는 목적을 넘어 사람들이 좀 더 선호하는 유전자로 '디자인'되는 상황이 올 것입니다. 이는 인간이 공장에서 생산품을 찍어 내듯이 나오는 것과 다르지 않다고 생각합니다. 그 결과, 개성이 사라지고, 사회구성원이 다 비슷하게 획일화되어 사회 자체가 다양성이 없어질 것입니다. 또 경제적 여유가 있는 사람들이 시술을 받을 것이기 때문에 경제적 계층이 유전적 격차로 이루어지고 이로 인해 충분히 차별이 일어날 것입니다. 인종 차별, 성별 차별을 넘어 유전자 차별이라는 사회적인 문제가 생길 수밖에 없죠.

토론자 5 ── 가격이 안정화되어 기술이 보편화된다면 유전적 개량을 통한 개인의 만족이 사회적으로 긍정적인 효과로 나타나지 않을까요?

토론자 2 ── 개인적으로 만족은 할 수 있겠지요. 하지만 그 개인의 만족이 사회적으로 어떤 긍정적인 효과가 있을지는 잘 모르겠습니다. 「가타카」라는 영화를 보면 태어나기 전부터 유전자를 조작하여 질병, 성격을 디자인할 수 있으며 그렇지 못하고 자연임신을 통해 태어난 사람은 우수한 유전자를 갖지 못했다는 이유로 사회적으로 높은 지위를 얻을 기회조차 박탈당하게 됩니다. 이 영화가 현실이 된다면 질병이 없고 원하는 성격을 갖고 있는 개인의 '만족'이 과연 사회적으로 어떤 긍정적인 효과를 불러일으킬 수 있을까요? 유전적 차별이 만연할 것이고 사회적으로 발생되는 문제의 원인과 해결책을 유전적 차원에서만 찾으려고 할 수 있습니다. 총만 안 들었을 뿐이지 독일의 나치가 열등한 개체를 제

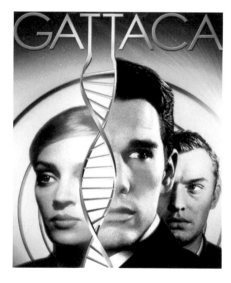

▲ 완벽한 유전자들을 가진 인간이 지배하는 세상 「가타카」

거한다는 명목으로 유대인과 장애인을 학살한 것과 다를 바 없다고 생각합니다.

사회자 — 네, 다양한 의견 잘 들었습니다. 앞으로 유전자치료의 장단점에 대한 풍부한 논의가 이어져 명확하고 합리적인 기준이 세워져야 할 것입니다. 오늘 토론에 참여해 주셔서 감사드립니다.

유전자 조작 치료법에 대한 사회적 합의

크리스퍼 유전자 가위의 발전으로 기존의 유전자 편집 기술이 훨씬 간편해졌고, 비용도 과거보다 저렴해졌습니다. 이와 함께 유전자 조작 치료법에 대한 찬반 논쟁의 목소리가 활발해지면서 이 기술의 합의를 위한 국제 회담이 이루어지고 있습니다.

2015년 12월 1일 미국 워싱턴에서는 사흘에 걸쳐 국제 인간 유전자 편집 정상회담이 개최되었다. 미국 국립과학원, 영국 왕립협회, 중국과학원이 주최한 이 회담에는 20여 개국이 참가했다. 데이비드 볼티모어 박사가 회담의 의장을 맡았으며, 인간 유전자 편집 기술의 장단점, 그에 대한 규제의 필요성에 대해 논했다. 회담에서는 인간 유전자 편집 연구를 '기초 및 전임상 연구, 체세포를 이용한 임상 연구, 생식세포를 이용한 임상 연구' 세 분야로 나누어 논했다.

우선, 회담 참가자들은 인간 유전자 편집에 대한 기초 및 전임상 연구가 필요하다는 데 뜻을 모았다. 다만, 인간 세포에서 유전체 서열을 편집하는 기술, 유전자치료의 효과와 위험성, 인간 배아와 생식세포의 생물학적 이해와 이를 토대로 한 윤리적·법적 규범이 필요하다고 제시했다. 또 생식세포나 배아를 이용한 실험에서 이를 성체로 발생시켜서는 안 된다고 강조했다. 하지만 부정확한 유전자 편집 등의 가능성이 존재하므로 치료의 이점과 위험성을 이해하고 고려해야 한다는 뜻을 밝혔다.

한편, 회담에서는 생식세포의 유전자 편집 연구는 보류해야 한다는 결론을 내렸다. 생식세포 유전자 편집은 돌연변이, 교정 오류 등에 의한 부정확한 유전자 편집, 다른 유전 물질, 환경과의 상호작용 등으로 인한 예상 밖의 유해성, 유전자 편집이 개인 또는 다음 세대에 미칠 영향, 문제 발생 시 유입된 유전자를 다시 제거하기 어려움, 개개인이 지닌 유전자의 가치에 따른 사회 불평등이나 차별 발생 가능성, 이 기술이 인류 진화에 영향을 미침에 따른 도덕적, 윤리적 논란 등 많은 위험을 안고 있기 때문이다.

회담에서는 유전자 편집 기술의 안전성과 효능이 입증되었을 때, 그리고 사회적으로 생식세포 유전자 편집에 대해 넓은 동의가 이루어졌을 때 이에 대해 재논의할 것을 제안했다. 아직 기술의 안전성이 확보되지 않았으며 그 효과가 제한적이고, 여러 국가에서 생식세포 유전자 편집을 금지 및 제한하고 있으므로 과학적 지식과 사회적 시각이 발전할 때까지 기다리자는 것이다.

— ○○신문

여러분이 유전자치료의 쟁점에 대한 합의를 이루기 위해 회의에 참석한다면 어떤 의견을 말할 수 있을까요?

마무리
하기

유전자치료법을 사용해야 하는가

1. 다음 유전자치료에 대한 토론 내용을 보고, 각 주장에 관한 근거를 정리해 적어 보세요.

유전자치료법을 사용해야 하는가?		
체세포와 줄기세포 유전자치료를 사용해야 하는가?	체세포와 줄기세포 유전자치료를 사용해야 한다. 근거 :	체세포와 줄기세포 유전자치료를 사용해서는 안 된다. 근거 :
배아나 수정란 유전자치료를 사용해야 하는가?	배아나 수정란 유전자치료를 사용해야 한다. 근거 :	배아나 수정란 유전자치료를 사용해서는 안 된다. 근거 :
유전자치료 대상이 되어야 하는 질환을 구분해야 하는가?	유전자치료 대상이 되어야 하는 질환을 구분해야 한다. 근거 :	유전자치료 대상이 되어야 하는 질환을 구분하지 않아도 된다. 근거 :

2. 유전자치료에 관한 자신의 생각을 적어 보세요.

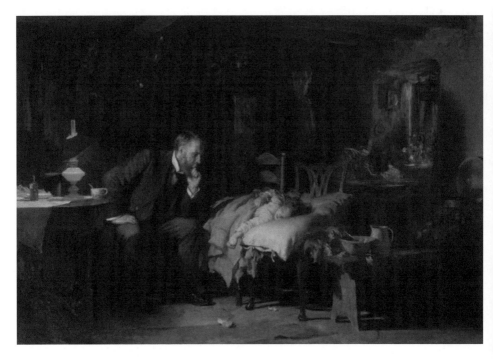

▲ **루크 필즈**(1843~1927년), 「**의사**」, **1891년.** 청진기도 없던 시기에 의사가 아픈 아기를 바라보며 골똘히 생각하고 있는 장면이다. 이로부터 130여 년이 지난 지금은 유전자치료를 논하는 시대가 되었다.

· 쟁점 6 ·

우주개발

— 우주개발을 위한 예산 확보를 계속해야 할까

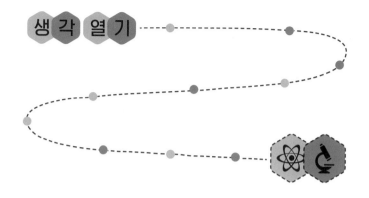

밤하늘의 수많은 별은 아주 오래전부터 인류에게 경외감의 대상이었습니다. 사람들은 별을 보며 신화와 이야기를 만들어 갔으며, 한 나라의 흥망성쇠[1]는 하늘의 변화에 따라 결정된다고 믿곤 했습니다. 이러한 경외감은 밤하늘의 천체를 좀 더 자세하게 관찰할 수 있는 망원경의 개발로 이어졌습니다. 1610년 이탈리아의 과학자 갈릴레오 갈릴레이는 직접 렌즈를 연마하여 망원경을 만들고, 우주를 관측하였습니다. 그 결과 달의 표면과 목성의 위성, 태양의 흑점 등을 발견하기도 하였습니다.

인류는 하늘을 관측하는 것에 그치지 않고, 직접 하늘을 향해 날아오르는 시도를 하였습니다. 1903년 미국의 라이트 형제[2]는 인류 역사상 처음으로 동력비행기를 조종하여 지속적인 비행에 성공하였습니다. 라이트 형제의 비행 성공 이후 많은 사람이 비행기에 대한 연구를 지속하여 비행기 산업은 짧은 시간에 급속하게 발전하였습니다.

1
흥하고 망함. 융성함과 쇠퇴함. 나라 또는 집안 등이 융성했다가 망하고 다시 흥하는 것처럼 순환하는 세상의 이치를 가리키는 표현이다.

2
미국의 비행기 제작자이자 항공계의 개척자 형제. 오빌(Orville) 라이트와 윌버(Wilbur) 라이트. 1903년 역사상 처음으로 동력비행기를 조종하여 지속적인 비행에 성공하였다.

▲ 망원경을 통해 하늘을 정밀하게 관찰하고, 비행기를 통해 하늘을 자유롭게 비행할 수 있게 된 이후 사람들의 관심은 우주를 향하였다.

망원경을 통해 하늘을 정밀하게 관찰하고, 비행기를 통해 하늘을 자유롭게 비행할 수 있게 된 이후 사람들의 관심은 우주를 향하였습니다. 단순히 우주를 관찰하는 것에서 그치는 것이 아니라, 직접 우주를 탐사하기 위한 노력을 기울이기 시작하였고요. 특히 제2차 세계대전이 끝난 후의 미국과 소련을 중심으로 한 양강 체제는 누가 먼저 우주를 탐사하는지에 대한 경쟁으로 이어졌습니다. 1957년 소련은 금속구 모양의 본체에 네 개의 안테나가 달려 있는 세계 최초의 인공위성 '스푸트니크 1호'를 발사하는 데 성공하였습니다. 스푸트니크 1호의 발사 성공은 미국에게 큰 충격을 주었습니다. 소련보다 과학기술력에서 절대적 우위에 있다고 생각했던 미국은 소련의 스푸트니크 1호의 성공에 크게 당황하였습니다. 이후 미국은 우주개발 경쟁에서 소련에 뒤처질 수 있다는 위기감에 1958년 미항공우주국NASA을 세웠습니다. 1961년 미국의 대통령 존 F. 케네디는 국회에서 "1960년대 안으로 인간을 달로 보내겠다"는 연설을 하였습니다. 미국은 1961년부터 1972년까지 11년간 막대한 예산을 투입하여 인간을 달에 착륙시킨 뒤 귀환하는 것을 목적으로 하는 아폴로 프로그램을 추진하였습니다. 그 결과, 1969년 세계 최초로 세 명의 우주비행사를 태운 아폴로 11호가 달에 착륙했

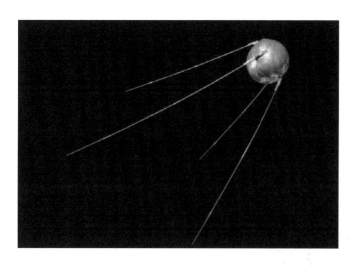

▲ 스푸트니크 1호 　　　　　　　　　　　© Wikipedia

다 무사히 지구로 귀환하는 데 성공하게 됩니다. 아폴로 11호의
성공 이후 미국을 비롯한 세계 각국은 금성 탐사선, 화성 탐사
선, 목성 탐사선, 토성 탐사선 등 다양한 우주 탐사선을 발사하
였습니다.

　우주개발을 통해 인류는 우주라는 미지의 세계에 한 걸음
더 가까이 갈 수 있는 계기를 마련하였지만, 현실적으로 우주
선을 개발하고 발사하는 데는 막대한 예산이 소요되기에 우주
선을 지속적으로 쏘아 올리는 것에는 많은 제한이 따르게 됩니
다. 그럼에도 세계 각 나라는 우주 왕복선 개발을 비롯하여 다
양한 방식으로 우주개발에 대한 연구를 지속하고 있습니다.

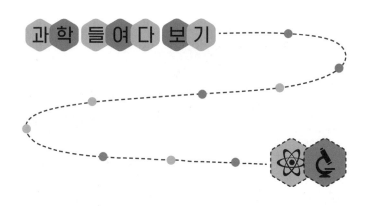

1969년 닐 암스트롱이 달에 발을 디딘 후에 미국을 비롯한 많은 나라가 경쟁적으로 우주개발에 뛰어들었습니다. 러시아는 1971년 우주정거장 살류트Salyut를 발사하여 유인우주선인 소유즈 10호와의 도킹에 성공하였습니다. 이후 1998년 러시아가 우주정거장 전체 구조물의 한 부분인 자랴 모듈을 우주에 쏘아 올림으로써 건설이 시작된 국제우주정거장International Space Station: ISS은 미국, 러시아, 유럽연합 등 세계 16개국에서 참여하여 2010년에 완공되었습니다. 이후 정해진 궤도를 돌면서 위성이나 미사일 등을 발사하고 우주선에 연료를 보급하는 동시에 여러 가지 과학실험을 수행하는 장소로 사용되고 있습니다.

▲ 닐 암스트롱   © Wikipedia

▲ 국제우주정거장　　　　　　　　　　　　© Wikipedia

　중국은 2013년 창어 3호가 달 착륙에 성공하여 미국과 러시아에 이어 세계 세 번째로 달에 내려선 나라가 되었습니다. 2019년 1월에는 창어 4호가 인류 최초로 달의 뒷면 착륙에 성공하기도 하였습니다. 중국은 2018년에 미국을 제치고 세계에서 가장 많은 발사체를 발사한 나라가 되는 등 막대한 예산과 역량을 우주개발에 집중하고 있습니다. 특히 2020년 7월에 발사한 화성탐사선 톈원 1호는 2021년 미국에 이어 세계에서 두 번째로 화성 착륙에 성공하였습니다.

　우리나라는 1989년 한국기계연구소 부설 항공우주연구소를 설립한 이래 30여 년간 과학기술위성 및 액체추진과학로켓

개발 등 항공우주과학기술영역의 새로운 탐구와 다양한 연구를 수행하고 있습니다. 지난 2018년에는 국내 독자기술로 개발 중인 한국형발사체(KSLV-2) '누리호'의 75톤급 시험발사에 성공하여 대한민국은 미국, 러시아, 일본, 프랑스, 중국, 인도에 이어 추력 75톤급 대형 액체연료 로켓 엔진을 실제 발사한 일곱 번째 국가가 되었습니다.

미국, 중국, 일본, 러시아, 인도 등 세계 각국이 2021년부터 2024년 사이에 달 표면 착륙을 목적으로 여덟 개 이상의 우주선을 발사할 것으로 전망하고 있다. 이를 통해 그동안 미지의 영역이었던 달 극지방의 얼어붙은 물을 탐사함은 물론, 달에 있는 자원의 개발을 위한 기반을 다질 예정이다.

우리나라는 2021년 10월 6,150억 원을 투입한 한국형 발사체 '누리호'를 발사했으며, 2030년에는 달 착륙선을 발사한다는 계획을 가지고 있다. 이를 위해 2020년 약 8,000억 원을 우주개발을 위한 예산으로 책정하였다. 이는 GDP 대비 0.04% 수준으로서, 미국 0.21%, 러시아 0.16%, 프랑스 0.14% 등 주요 국가에 비해 많이 낮은 수준이다.[3]

오늘날 우주개발은 선진국 진입의 필수 요소로 자리 잡아가고 있다. 주요 국가에 비해 우주개발을 위한 항공우주 기술의 발달이 뒤처져 있는 대한민국은 좀 더 많은 예산을 우주개발을 위해 투입하고, 더불어 우주개발을 위한 우수 인재를 확

미국	47,691
프랑스	4,040
러시아	3,579
일본	3,324
독일	2,404
한국	722

▲ 주요국 우주개발 예산
(2020), 단위: 백만 USD.

충하기 위해 온 나라의 역량을 집중해야 한다는 의견이 모아지고 있다.

하지만 그 반대 의견도 만만치 않다. 우주개발에 막대한 예산을 투입하여도 국민들에게 돌아올 실효성은 매우 미미하다는 것이다. 우주개발과 같이 아주 먼 미래를 위한 사업에 예산을 투입하기보다는 당장 국민들에게 유익을 가져다줄 분야에 예산을 투입하는 것이 합리적이라는 것이다. 그렇다면 과연 우주개발을 위한 예산 확보를 계속해야 하는 것인가? 우주개발은 적지 않은 예산이 투입되는 사업이기에 무엇보다 사회적인 합의가 이루어지는 것이 중요하다. 이에 공중파 KBC 방송의 '99분 토론'에서는 우주개발을 위한 예산 확보를 계속해야 하는지에 대해 긍정적 입장과 부정적 입장을 가진 양측 대표를 초청하여 긴급 편성 토론을 열게 되었다.

사회자 — 안녕하세요. KBC 방송 '99분 토론'입니다. 오늘은 '우주개발을 위한 예산 확보를 계속해야 할까?'에 대한 토론을 펼치도록 하겠습니다. 이에 대해 긍정적 입장을 가지신 한국대학교 항공우주공학과 한미르 교수님과 부정적 입장을 가지신 국제구호단체 이재민 소장님을 모시고 토론을 진행하도록 하겠습니다. 먼저, 두 분의 입장을 들어 보도록 하겠습니다.

한미르 — 우주개발은 미국과 러시아 등 일부 국가의 전유물이라고 여기던 시절이 있었습니다. 하지만 요즘은 여러 나라가 경쟁적으로 우주개발에 뛰어들고 있습니다. 중국은 이미 2020년 화성탐사선을 발사하여 2021년 화성 착륙에 성공하였으며, UAE 또한 2020년에 발사한 화성탐사선이 2021년 2월에 화성 궤도에 성공적으로 진입하였습니다. 이렇듯 미국, 아시아, 유럽 등 세계 주요 국가들이 우주개발에 많은 투자를 하고 있으며, 그에 따른 성과물을 얻고 있습니다. 그에 비해 우리 대한민국의 우주개발 수준은 아직 걸음마 단계에 불과합니다. 2018년 과학기술정보통신부에서 확정한 제3차 우주개발진흥기본계획에 따르면 우리나라는 2030년에 달 착륙선을 발사할 계획을 가지고 있습니다. 이는 현재 이미 화성 탐사를 진행하고 있는 세계 주요 국가에 비하면 상당히 늦은 수준입니다. 4차 산업혁명 시대인 지금 우주개발은 한 나라의 브랜드 가치를 높이는 동시에 선진국 대열에 합류하기 위한 필수 사항으로 여겨지고 있습니다. 따라서 지금부터라도 우주개발을 위한 예산을 최대한 확보하고, 지속적이고 과감하게 투자하여 자체 기술력 확보에 최선을 다해야 할 것입니다.

이재민 — 네, 지금의 시대를 4차 산업혁명 시대라고 합니다. 그만큼 인류의 과학기술 발전은 과거에 상상했던 것 이상으로 상당히 많은 성과를 이루어 냈습니다. 그러한 성과로 인해 많은 사람이 편리한 삶을 누리고 있지요. 하지만 과학기술이 발전하고 인류의 삶이 편리해진 만큼, 우리 주변의 자연환경은 수많은 오염으로 황폐화되고 있습니다. 이러한 환경오염은 생물다양성 파괴와 더불어 이상 기후 현상 등의 기후위기를 몰고 왔습니다. 이는 결국 궁극적으로 인류의 생존에 위협을 가하는 정도까지 왔습니다. 우주개발은 일부 필요하긴 하지만 당장에 인류에게 주는 혜택은 그리 크지 않습니다. 오히려 막대한 예산을 아무도 없는 우주 공간에 날려 버리는 꼴이 되는 것입니다. 따라서 우주개발을 위해 계획한 예산을 당장 국민들에게 도움을 줄 수 있는 분야, 예를 들자면 환경보호, 기후위기 대응, 빈민층 구제 등에 편성하여 좀 더 가치롭게 활용해야 한다고 생각합니다.

주제 1
달 탐사는 인류에게 유익을 가져다주었는가

사회자 —— 네, 두 분의 의견 잘 들어 보았습니다. 우주개발을 바라보는 시각에 대해 잘 말씀해 주셨습니다. 이 시간에는 먼저 많은 국민이 우주개발에 관심을 가지게 되었던 1960년대 미국의 달 탐사에 대해 이야기를 나누어 보겠습니다. 1969년 미국의 닐 암스트롱이 인류 최초로 달에 발자국을 남기는 장면은 전 세계적인 관심을 불러일으켰습니다. 그때 당시 미국은 달 탐사를 위해 천문학적인 예산을 투입하기도 하였습니다. 그렇다면 과연 달 탐사는 인류에게 유익을 가져다주었을까요? 이에 대해 먼저 한미르 교수님의 의견을 들어 보겠습니다.

한미르 —— 미국은 1966년부터 1973년까지 유인 달 탐사를 목표로 하는 아폴로 계획Apollo program을 진행하며 1969년 닐 암스트롱이 달에 첫발을 내딛은 것을 시작으로 총 여섯 대의 우주선이 달에 착륙하여 12명의 우주인이 달 탐사를 수행하였습니다. 이를 통해 미국은 우주개발 분야에서 소련에 뒤처져 있었던 이미지를 역전시키며 단번에 강대국으로서의 위치를 견고히 할 수 있었습니다. 또 달 탐사를 통해 얻은 수많은 자료는 과학적 연구자료로서의 가치가 매우 높아 과학발전에 기여했습니다. 그리고 달 탐사는 인류가 우주의 다른 행성에서도 발을 내딛고 생활할 수 있다는 최초의 증명이었습니다. 미국의 달 탐사는 그 자체로서도 의미가 많았지만, 이후 전 세계적으로 항공우주과학 분야의 발전에 큰 기여를 하였습니다. 요즘 많은 나라가 달을 넘어 화성 등 또 다른 행성의 탐사를 진행하고 있는데, 이를 본격적으로 시작할 수 있도록 해 준 것이 바로 달 탐사였습니다.

이재민 ── 한미르 교수님 말씀처럼 미국의 달 탐사 이후 전 세계의 우주개발은 많은 발전을 이루었습니다. 하지만 미국의 아폴로 계획은 막대한 예산이 투입된 프로젝트입니다. NASA가 발표한 자료에 따르면 당시 아폴로 계획에 투입된 예산은 무려 254억 달러에 이릅니다. 이를 우리 돈으로 환산하면 대략 28조에 해당하는 예산으로서, 이는 당시 미국 정부 예산의 3~5% 정도를 매년 꾸준히 투입할 정도로 어마어마한 금액입니다. 물론 최초 계획대로 유인 달 탐사에는 성공하였지만, 프로젝트를 진행할수록 막대한 예산이 소요되자 경제 대국 미국조차도 1972년을 끝으로 달 탐사에 더 이상 돈을 쓰지 않았습니다. 달 탐사를 계기로 과학기술의 발전이 이루어졌다는 것은 분명 인정합니다. 하지만 그러한 과학기술의 발전이 그때 당시의 인류에게 큰 혜택을 주었는지에 대해서는 의문입니다. 또 미국이 달 탐사에 지불한 비용을 빈민 구제와 자연 환경보전 등 다른 유의미한 분야에 투자했다면 좀 더 많은 사람이 행복한 삶을 누릴 수 있지 않았을까 생각합니다. 소련을 의식하여 강대국 지위를 확보하기 위해 이루어진 미국의 달 탐사는, 투자한 비용에 비해 인류에게 준 유익이 그리 크지 않았다고 말씀드리고 싶습니다.

한미르 —— 소장님께서는 달 탐사를 통해 과학기술의 발전이 이루어졌다는 것을 인정하신다고 말씀하셨습니다. 맞습니다. 달 탐사를 계기로 과학기술 분야에 많은 발전이 있었습니다. 하지만 그러한 발전이 인류에게 큰 혜택을 주었는지 의문이라고 말씀하셨는데요. 달 탐사는 분명 인류에게 큰 혜택을 주었습니다. 1969년 닐 암스트롱이 달에 첫발을 내딛는 장면이 TV를 통해 전 세계에 생중계되었는데 당시 5억 명의 사람이 그 장면을 지켜보았습니다. 인터넷 등 통신 시설이 현재에 비해 상당히 미흡했던 당시의 상황을 생각한다면 전 세계적으로 관심이 엄청났다는 것을 알 수 있습니다. 즉, 미국의 달 탐사는 미국만의 탐사가 아니라 전 세계의 인류에게 새로운 희망을 주었으며, 나아가 많은 젊은이에게 과학자로서의 꿈을 심어 주기에 충분하였던 것입니다. 또 달 탐사 프로젝트를 계기로 발명된 수많은 제품 역시 그때부터 지금까지 많은 사람에게 큰 편리함과 혜택을 주고 있습니다. 케이블이 없는 무선전동기구는 지금 전 세계의 가정에서 거의 필수품으로 자리 잡아 가고 있으며, 당시 우주인이 마실 물을 살균하기 위해 개발한 은이온을 활용한 무염소 기술은 현재 전 세계의 수영장과 분수대의 살균에 이용되고 있습니다. 그리고 우주 비행사의 안전을 위해 고안된 내화성 섬유는 현재 전 세계 소방관들의 필수품으로 자리 잡았고, 우주인의 식량문제를 위해 도입한 동결건조 간편식은 많은 이가 간편하게 식사를 해결하는 데 큰 도움을 주고 있습니다. 이렇듯 달 탐사는 꿈과 희망이라는 무형의 자산뿐만 아니라 그때부터 지금까지 인류가 편리하게 생활하는 데 도움을 주는 실질적인 유형의 자산을 혜택으로 남겨 주었습니다.

이재민 ── 한 교수님께서 말씀하신 내용에 대해서는 저도 공감합니다. 달 탐사는 인류에게 유·무형의 가치로운 자산을 선물하였습니다. 하지만 제가 이야기하고 싶은 부분은 바로 달 탐사 프로젝트에 투입된 예산과의 비교입니다. 달 탐사를 통해 간편식, 내화성 섬유, 은이 온 기술, 무선전동기구 등이 개발되었다고 하셨는데요, 저도 그러한 기구의 혜택을 보고 있습니다. 하지만 미국이 달 탐사에 쏟아부은 예산에 비하면 그러한 결과물은 매우 미미하다고 생각합니다. 무선전동기구와 내화성 섬유 등은 달 탐사가 아니더라도 얼마든지 연구에 의해 개발될 수 있는 제품들입니다. 오히려 달 탐사에 투입된 비용에 비해 훨씬 적은 비용으로도 얼마든지 그것들을 개발할 수 있었을 것입니다. 그리고 달 탐사를 통해 인류에게 꿈과 희망을 주었다고 하신 말씀 또한 동의합니다. 하지만 달 탐사를 마치고 지구로 돌아온 우주인이 남긴 실질적인 산물은 달 암석과 흙, 사진 몇 장이 전부입니다. 만약 당시 1회 정도로 달 탐사를 마쳤다면 어느 정도 수긍이 가는데, 미국은 당시 달 착륙에 실패한 아폴로 13호를 비롯하며 무려 7대의 우주선을 달에 보내며 막대한 예산을 사용하였습니다. 따라서 저는 달 탐사가 인류에게 유익을 주기는 했지만 투입된 예산에 비한다면 그것은 극히 미미한 수준이었다고 말씀드리고 싶습니다.

주제 2
우주개발, 어떤 분야에 집중해야 할까

사회자 ── 두 분의 말씀을 통해 달 탐사에 대해 새로운 시각으로 생각할 수 있었습니다. 이번에는 주제를 바꾸어 이야기를 나누어 보겠습니다. 우주개발 하면 흔히 로켓 발사를 주로 생각하시는 분들이 많습니다. 하지만 우주개발에도 다양한 분야가 있습니다. 과학기술정보통신부에서 확정한 제3차 우주개발진흥기본계획에 따르면 우주개발은 발사체 개발, 위성 개발, 위성항법, 재난대응, 우주탐사 등 다양한 분야가 있습니다. 그렇다면 이러한 분야 중 어떠한 부분에 집중하는 것이 좋을지 의견을 나누어 보도록 하겠습니다. 이번에는 이재민 소장님이 먼저 말씀해 주시겠습니까?

이재민 ── 현재 대한민국은 GDP 대비 0.04%인 722백만 달러, 우리 돈 약 8천억 원이라는 어마어마한 돈을 우주개발 예산으로 투입하고 있습니다. 미국 등 다른 주요 국가와 비교하면 매우 미미하다고 이야기할 수 있지만 현재 우리나라에 산재된 여러 가지 현황과 비교해 보았을 때 결코 적지 않은 예산이 투입되었다고 볼 수 있죠. 국민의 복지와 일자리 창출, 환경보전 등 예산이 시급한 일들이 너무나도 많습니다. 따라서 저는 우주개발 중 최소한의 분야를 필수로 선정하여 그 분야에만 일부 예산을 투입하고, 나머지 예산은 우주개발이 아닌 다른 곳에 사용해야 한다고 말씀드리고 싶습니다. 즉, 국민들의 삶에 직접적으로 영향을 줄 수 있는 GPS 위성이나 기상 위성 등 위성 개발 등에는 우주개발 예산을 투입하고, 그 외 발사체를 비롯하여 우주탐사 등 당장 국민들에게 어떤 유익을 줄지 장담할 수 없는 분야의 예산은 과감하게 삭감해야 한다고 생각합니다.

한미르 ── 흔히 교육은 백년대계(百年大計)라고 합니다. 교육이란 미래의 사회나 나라를 이끌어 갈 인재를 기르는 정책이기 때문에 눈앞의 이익만 살피면 안 된다는 의미에서 이렇게 표현한 것입니다. 우주개발 역시 마찬가지입니다. 소장님 말씀처럼 우주개발에 예산을 투입해도 지금 당장은 눈앞에 보이는 유익이 없을 수 있습니다. 그렇다고 해서 우주개발에 투입될 예산을 줄이고 우주개발을 등한시한다면 앞으로 점점 더 세계와의 격차는 벌어지고 말 것입니다. 2021년 2월에 개봉한 영화 「승리호」를 보면 영화의 배경이 되는 2092년 미래의 지구는 환경오염과 기후변화 등으로 인해 사람이 살기에 부적합한 공간으로 묘사되고 있습니다. 저는 이러한 장면이 영화적 상상만으로 끝나는 것이 아니라 언젠가는 우리 인류에게 닥칠 문제라고 생각합니다. 따라서 지금부터라도 우주개발을 통해 차근차근 미래를 위한 준비를 실행해야 할 것입니다. 그러므로 우주개발을 위한 예산을 현재 계획 중인 모든 분야에 투입함은 물론, 관련 예산을 더욱 확충하여 미래를 위한 준비를 해야 합니다.

이재민 —— 교수님 말씀처럼 환경오염과 기후변화 등은 언젠가는 인류의 생존을 위협할 정도의 문제로 커질 수 있을 것이라 생각합니다. 그렇기 때문에 해당 분야로의 예산을 더욱 확충하여 미래를 준비해야 한다는 것입니다. 사실 우주탐사 등의 분야에 예산을 투입한다는 것은 큰 의미가 없다는 생각입니다. 오히려 환경오염과 기후위기에 대응할 수 있는 방안을 생각하여 그 분야에 예산을 투입하고 사업을 진행하는 것이 다가올 미래를 올바르게 준비하는 일입니다.

한미르 —— 저는 환경 문제와 기후위기를 준비하지 말아야 한다고 말씀드린 적이 없습니다. 오히려 소장님이 말씀하신 것처럼 환경과 기후위기에 대응할 수 있는 방안을 고민하고 준비하는 일이 중요하다고 생각합니다. 하지만 그렇다고 해서 우주개발을 외면해서는 안 됩니다. 환경과 기후 분야에 관심을 기울이는 동시에 우주개발 역시 병행해야 합니다. 지금 시대의 흐름은 때로는 예상할 수 없을 정도로 빠르게 진행되고 있습니다. 스마트폰은 10여 년 전만 해도 개념 자체가 없었는데, 지금은 유치원생조차도 자연스럽게 활용할 정도로 대중화되어 있습니다. 마찬가지로 우주에서의 생활 역시 언제 갑자기 불쑥 인류에게 다가올지 모릅니다. 그리고 우주개발 분야는 모든 일이 서로 긴밀하게 연계되어 있어 어느 한 분야만 집중적으로 연구한다고 해서 효과적인 사업이 될 수 있는 것도 아닙니다. 따라서 소장님께서 말씀하신 위성 분야뿐만 아니라 발사체, 우주 탐사 등의 연구도 병행하여 경쟁력 있는 우주개발 사업을 시행해야 합니다.

우주개발 예산, 지속적으로 확보해야 하는가

사회자 — 열띤 토론으로 시간 가는 줄 모르겠습니다! 두 분의 말씀을 통해서 우주개발 분야에 대한 성찰을 구체적으로 할 수 있는 계기가 마련된 것 같습니다. 시간 관계상 이제 마지막 주제에 대해 이야기 하겠습니다. 세 번째 주제는 '우주개발 예산, 지속적으로 확보해야 하는가?'입니다. 이번에는 한미르 교수님께서 먼저 말씀해 주시겠습니다.

한미르 — 1960년대 아폴로 계획을 실행할 당시 미국은 10년 가까운 기간 전체 예산의 3~5% 정도를 우주개발을 위해 투자하였습니다. 그 결과 유인 달 탐사에 성공하였음은 물론이거니와 엄청난 항공우주 분야의 과학기술 성장을 이루었습니다. 그 후 50여 년이 지난 지금까지 대한민국을 포함한 전 세계 대다수 나라가 1960년대 미국 항공우주 분야의 기술력을 따라가지 못하고 있습니다. 즉, 예산의 투입 여부는 해당 분야가 발전하는 데 많은 영향을 끼친다는 것입니다. 따라서 아직 항공우주 분야에 걸음마 수준인 우리나라는 우주개발 예산을 지속적으로, 그리고 지금보다 확충하여 확보해야 한다고 생각합니다.

이재민 — 2021년 대한민국은 우주개발에 6,150억 원을 투입하기로 결정하고, 2021년 10월 발사된 '누리호'에 투입된 예산은 무려 1,897억 원입니다. 이렇게 막대한 예산을 투입하면서까지 발사체

개발을 해야 하는지 의문이 듭니다. '누리호' 발사를 통해 항공우주 분야의 기술이 발전할 수 있겠지만, 당장 '누리호' 발사 이후 국민들에게 돌아온 유익이 무엇인지 그저 막연하기만 합니다. 따라서 앞으로 우주개발 예산은 점진적으로 축소하고 오히려 당장 대다수 국민이 희망을 가지고 살아가는 데 실질적인 도움을 주는 복지와 일자리 창출, 환경보전 등 눈앞에 산재해 있는 분야에 예산을 집중해야 한다고 생각합니다.

마무리 발언

사회자 — 아쉽게도 주어진 토론 시간이 거의 다 되었습니다. 오늘 두 분의 토론을 통하여 우주개발에 대해 입체적으로 알 수 있었습니다. 이제 각자 오늘 토론의 마무리 발언을 부탁드리겠습니다.

한미르 — 오늘 토론을 통해서 우주개발의 중요성과 지속적인 예산 확보를 말씀드렸습니다. 그런데 이재민 소장님과의 토론을 통해 현재 추진 중인 우주개발이 중요하다고 무조건적으로 국민들에게 이야기하기보다는, 우주개발 분야 중 어떠한 분야가 더 시급한 연구와 개발이 필요한 과제인지에 대한 좀 더 심층적이고 분석적인 계획이 필요하다는 것을 깨달았습니다. 좋은 말씀 해 주신 이재민 소장님께 감사의 인사를 드립니다. 우주개발은 궁극적으로 국민 모두를 위한 것입니다. 앞으로도 국민 여러분의 삶에 유익한 영향을 줄 수 있도록 우주개발의 내실 있는 발전을 위해 노력하겠습니다.

이재민 — 이번 토론을 통해 그간 단편적으로 알았던 우주개발의 가치에 대해 성찰할 수 있는 시간이었습니다. 한미르 교수님과의 토론을 통해 우주개발 역시 인류의 복지와 안녕을 위해 중요한 사업이라는 것을 알게 되었습니다. 하지만 우주개발은 다른 분야의 사업에 비해 막대한 예산이 소요되는 만큼 좀 더 신중하고 구체적인 계획을 통해 사업이 진행되었으면 하는 바람입니다. 예산 확보를 무조건적으로 주장하기보다는 더 중요한 분야와 덜 중요한 분야를 구분하여 점진적으로 내실 있게 우주개발을 추진하였으면 합니다. 우주개발을 위한 예산이 다른 분야에 활용된다면 즉각적으로 수많은 사람의 복지와 안녕을 위하는 데 사용될 수 있다는 생각을 항상 기억했으면 합니다.

사회자 — 이것으로 '우주개발을 위한 예산 확보를 계속해야 할까?'에 관한 토론을 마무리하겠습니다. 끝까지 지켜봐 주신 모든 분께 감사의 말씀을 드립니다.

대한민국
우주개발 계획(2021~2040)

현재 대한민국의 항공우주기술 수준은 미국, 러시아 등 주요 국가에 비하면 많이 미흡한 편입니다. 주요 국가들에 비해 인구와 GDP 등 많은 부분이 열세인 것이 현실입니다. 하지만 꾸준한 연구와 개발을 통해 점차 다양한 분야에서 경쟁력을 가지게 되었습니다. 특히 위성 분야의 경우 독자적인 기상 및 해양 관측, 통신 중계가 가능한 정지궤도 위성을 개발·운용하였으며 첨단 위성 조립 및 시험 시설과 위성 운용 인프라 및 기술, 위성 정보 활용 기술 등도 보유하였습니다. 현재 대한민국의 위성 기술은 세계 6~7위권으로 평가받고 있습니다. 향후 자료중계 위성, 발사체 검증용 위

▲ 2021년 10월 발사된 누리호의 모습
ⓒ 한국항공우주연구원

성, 소형 SAR 등 다양한 분야의 위성을 지속적으로 개발할 계획을 가지고 있습니다.

우주개발 사업의 핵심 수단인 발사체의 경우, 2013년 우리나라 최초의 우주발사체인 나로호를 우주궤도에 진입시키는 데 성공하였으며, 2021년 10월에는 한국형 발사체 '누리호' 발사를 시도했으나 최종 궤도 진입에는 실패하였습니다. 향후 2030년까지 소형발사체를 자력 발사할 계획을 가지고 있으며, 2031년 이후에는 대형발사체를 이용하여 해외 발사서비스 시장에 진출할 예정입니다. 또 2030년까지 한국형 발사체를 통해 달 착륙선 탐사를 시행할 계획이며, 2035년에는 소행성 샘플귀환선을 개발하여 달뿐만 아니라 소행성 탐사에도 뛰어들 예정입니다.

우주개발을 위한 예산 확보를 계속해야 할까

1. 다음 우주개발에 대한 토론 내용을 보고, 각 주장에 관한 근거를 정리해 적어 보세요.

우주개발을 위한 예산 확보를 계속해야 할까?

달 탐사는 인류에게 유익을 가져다주었는가?	달 탐사는 인류에게 유·무형의 긍정적인 유익을 주었다. 근거 :	달 탐사는 소요 비용에 비해 큰 유익이 없었다. 근거 :
우주개발, 어떤 분야에 집중해야 할까?	우주개발은 모든 분야에 집중해야 한다. 근거 :	우주개발은 특정 분야에만 집중해야 한다. 근거 :
우주개발 예산, 지속적으로 확보해야 하는가?	우주개발 예산을 지속적으로 확보해야 한다. 근거 :	우주개발 예산은 필수 분야를 제외하고 점진적으로 축소해야 한다. 근거 :

2. 우주개발 예산 확보에 관한 자신의 생각을 적어 보세요.

▲ **아담 엘스하이머**(1578~1610년), **「이집트로의 피신」, 1609년.** 천재적 재능을 지녔지만 불우한 생을 산 아담 엘스하이머의 작품에 담긴 밤하늘의 풍경이다. 당시의 사람들은 이러한 하늘을 보며 우주를 개발한다는 생각을 해 봤을까.

지구온난화

지구온난화, 정말 위기인가

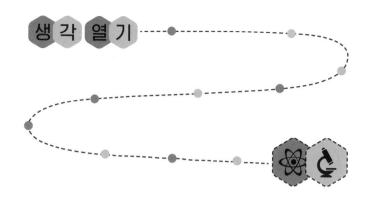

지구온난화. 귀에 딱지가 앉을 정도로 많이 들은 단어입니다. 공익광고에서 빙하가 녹아내려 먹이를 구하지 못해 말라 가는 북극곰도 많이 보았습니다. 지구온난화에 대한 이야기는 계속해서 들려오고, 우리도 뭔가 해야만 하는 느낌이 듭니다. 그러나 우리의 삶이 바

▲ 일반적으로 지구온난화란 산업혁명 이후 전 지구 지표면 평균기온이 상승하는 것을 말한다.

뀔 만큼 대단한 변화가 일어나고 있는 것 같진 않습니다. 그래서인지 '당장 큰일 날 만큼은 아닌가 보다' 하는 생각도 듭니다. 과연 실태는 무엇일까요? 현재 우리 지구와 생태계는 어떤 상황에 처해 있는 것일까요? 그 실태를 정확히 알아야 하겠습니다. 지구온난화를 둘러싼 다양한 의견이 있고, 우리는 인터넷을

통해 여러 가지 의견을 심심치 않게 만날 수 있습니다. 가장 극단적인 의견으로는 '지구온난화는 과학자들이 만들어 낸 음모야!'라는 의견부터, '지구온난화는 인간에 의한 것이 아니라 자연적 사이클에 의한 변화이다' 등의 의견이 있습니다. 따라서 정확한 수치를 알아보고, 그 변동성이 사실에 근거한 것인지, 어떤 변수들을 고려한 예측 결과인지, 마지막으로 논리적 결함은 없는지를 잘 살펴봐야 합니다.

'지구온난화가 뭔데?'라고 물었을 때, 정확하게 설명하기에는 적절한 단어가 떠오르지 않기도 합니다. 정확히 어떤 상태를 지구온난화라고 할까요? 역사적으로 지구는 온도가 상승할 때도, 하강할 때도 있었지만 일반적으로 현대에 지칭하는 지구온난화란 산업혁명 이후 전 지구 지표면 평균기온이 상승하는 것을 말합니다.

1985년 세계기상기구^{WMO}와 유엔환경계획^{UNEP}은 이산화탄소가 온난화의 주범임을 공식적으로 선언하였습니다. 이산화탄소는 어떻게 지구를 더 뜨겁게 만들까요? 핵심은 온실효과입니다. 지구는 태양으로부터 받은 복사에너지를 흡수하고 다시 방출하며 평균적인 기온을 일정한 상태로 유지합니다. 그런데 태양이 뜰 때만 따뜻한 열을 받고, 그 열을 모두 방출해 버린다면 밤에는 급격히 추워지겠지요? 실제로 수성은 낮에는 약 430℃, 밤에는 −183℃까지 온도가 변합니다. 지구는 밤낮의 온도 변화가 기껏해야 10℃ 이내지요. 온도 변화가 적은 이유는 바로 온실효과 때문인데요. 온실효과는 태양이 뜨지 않는 밤에도 낮에 흡수했던 열을 다시 지구에 방출해 주어 지구의 온도가 급격히 변하지 않게 해 주는 중요하고 꼭 필요한 효과입니다. 그런데 이산화탄소는 이 온실효과를 점점 더 강화시켜서, 지구의 온도를 지금보다 더 높게 만드는 것이지요. 퀴즈 하나 낼까요? 그렇다면 대기의 96%가 이산화탄소인 금성의 온도는 어떨까요? 태양으로부터 거리는 수성보다 금성이 더욱 멀리 있는데요. 그럼에도 낮이나 밤이나 463℃를 유지합니다. 이산화탄소가 만들어 낸 엄청난 온실효과의 결과물이지요. 이렇게 이산화탄소는 행성의 기온에 큰 영향을 미친답니다.

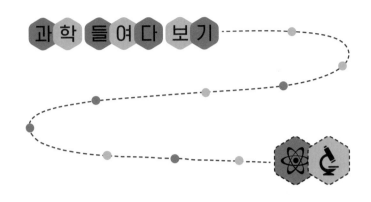

지구온난화는 언제부터 거론되었을까요? 지구온난화는 1972년 로마클럽 보고서에서 처음 공식적으로 지적되었습니다. 1988년에는 IPCC(기후변화에 관한 정부 간 패널)[1]가 구성되어 기후변화에 관한 조사와 연구가 진행되었고 1988년 미국항공우주국NASA에서 미국 의회에 지구온난화에 대한 발언을 한 것을 계기로 일반인에게도 널리 알려지게 되었습니다. 이후 1985년

▲ 지구온난화는 1972년 로마클럽 보고서에서 처음 공식적으로 지적되었다.

세계기상기구WMO와 유엔환경계획UNEP이 온실가스 중 이산화탄소가 온난화의 주범임을 선언하였습니다. IPCC는 기후변화에 관한 조사와 연구를 하고 있습니다. 이후 1992년 6월, 브라질의 리우 회의에서 지구온난화에 따른 이상 기후 현상을 예방하

기 위한 목적으로 '기후변화에 관한 국제연합 기본 협약'을 채
택하였습니다. 이 협약은 인류에 의해 발생되는 위험 요소들이
기후 시스템에 영향을 미치지 않도록 대기 중 온실가스의 농도
를 안정화시키는 것을 궁극적인 목적으로 하고 있습니다.

1995년 3월 베를린에서 개최된 1차 당사국 총회에서 협
약상 감축 의무만으로는 지구온난화 방지가 불충분함을 인
정하고, 1997년 12월 교토에서 개최된 3차 당사국 총회에서
2000년 이후 선진국의 감축 목표를 주요 내용으로 하는 교토
의정서[2]가 채택되었습니다.

1997년 12월 11일 일본의 교토에서 개최된 지구온난화 방
지를 위한 협약이 2005년 2월 16일 공식 발효되었습니다. 미
국, 일본, 캐나다 등의 38개 선진국이 의무이행 대상으로서 제
1차 감축 기간인 2008년부터 2012년까지 온실가스 배출량을
1990년 대비 5.2% 감축하기로 한 것이죠. 이산화탄소,^{CO_2} 메
탄,^{CH_4} 아산화질소,^{N_2O} 불화탄소,^{PFC} 수소화불화탄소,^{HFC} 불화유
황^{SF_6} 등의 여섯 가지가 감축 대상이고 이를 위해 각국은 감축
을 위한 정책 수립과 신재생에너지 개발과 연구를 포함한 노력
을 이어 갔습니다. 이때 의무이행 당사국의 신축성을 허용하기
위해 배출권 거래, 공동 이행, 청정개발체제 제도가 생겨나기도
했습니다.

협약으로 인해 지구온난화의 결과가 긍정적으로 변화하였
을까요? 아쉽게도 교토의정서 이행에는 문제점이 있었습니다.

기후변화와 관련된 전 지구
적 위험을 평가하고 국제적
대책을 마련하기 위해 세계
기상기구(WMO)와 유엔환경
계획(UNEP)이 공동으로 설립
한 유엔 산하 국제 협의체

기후변화협약에 따른 온실가
스 감축목표에 관한 의정서

국가 간의 경제적 효과가 예상됐음에도 불구하고 전 세계 온실가스 배출량의 50% 이상을 차지하는 미국을 비롯한 주요 국가들이 연달아 탈퇴하면서 당초의 목표는 물론 실효성 없는 껍데기뿐인 협약으로 남은 게 아니냐는 우려의 목소리가 높아졌습니다.

미국의 조지 부시 대통령은 2001년 자국의 산업 보호를 목적으로 교토의정서에서 탈퇴했습니다. 처음에는 환경 문제에 협조하지 않는 비윤리적인 결정이라며 비판받았지만, 시간이 지나며 국제사회의 인식은 조금씩 변해 갔습니다. 신재생에너지 등의 대체 에너지가 개발되지 않는 이상 온실가스 배출을 줄이려면 생산에 제한을 두는 방법뿐인데, 생산 제한은 경제성장에 악영향을 줄 것이고 대량 실직자 발생을 초래할 것이기 때문입니다. 경제적인 타격이 예상되는 상황에서 전 세계 온실가스 배출량의 20%가량을 차지하는 미국은 감축을 위해 막대한 비용까지 필요했고 미국은 지구온난화 방지에는 동의하지만 교토의정서의 내용으로는 자국 산업의 후퇴가 예상돼 현실적이지 못하다는 주장이었습니다.

미국과 비슷한 처지의 일본, 호주, 캐나다, 러시아 등 여러 국가가 이러한 주장에 동조 의사를 밝히며 차례로 협약의 탈퇴를 선언했습니다. 이렇게 지구온난화와 관련된 문제는 단순히 환경뿐만 아니라 경제적·국가적 이익과도 관련되어 있어 해결이 복잡합니다. 새로운 협약의 필요성이 대두되며 2015년 12월

12일 파리에서 개최된 유엔기후변화협약 제21차 당사국 총회에서 교토의정서를 대체할 파리기후변화협약이 채택되었습니다.

교토의정서	구분	파리기후변화협약
선진국의 온실가스 배출량 감축	**목표**	지구 평균 온도 상승폭을 산업화 이전 대비 1.5℃까지 제한(2℃ 목표)
주로 온실가스 감축에 초점	**범위**	온실가스 감축만이 아니라 적응, 재원, 기술이전, 역량 배양, 투명성 등을 포괄
주로 선진국	**감축 의무국가**	모든 당사국
공약기간에 종료 시점이 있어 지속 가능한지 의문	**지속 가능성**	종료 시점을 규정하지 않아 지속 가능한 대응 가능
국가 중심	**행위자**	다양한 행위자의 참여 독려

▲ 교토의정서와 파리기후변화협약 비교   출차: 환경부

파리기후변화협약(파리협정)은 교토의정서의 대체로서 그 당시 문제점들을 보완하고 있습니다. 먼저, 개발도상국은 의무 감축 대상이 아니었는데, 이번 협약에 참여하는 195개 당사국이 모두 감축 목표를 지켜야 합니다. 또 산업화 이전 지구 평균 온도보다 2℃ 이상 상승되지 않도록 온실가스 배출량을 줄이기 위한 구체적 내용을 포괄하고 있습니다.

파리협정은 순조롭게 흘러가는 듯하였으나 미국 45대 대통령에 도널드 트럼프가 당선되면서 이산화탄소 배출량 감소를 위한 '파리협정'이 위기를 맞았습니다. 트럼프는 그동안 지구

온난화에 대한 경고의 목소리가 미국 사업을 방해하려는 중국의 사기극이라고 주장해 왔기 때문이죠. 이에 파리협정을 폐기하겠다는 공약을 내세웠고, 공약대로 트럼프 당선 후 파리협정 탈퇴를 선언하였습니다. 세골렌 루아얄 유엔기후변화협약 의장은 "3년 동안은 파리협정에서 탈퇴할 수 없고, 그 이후 탈퇴의사를 밝혀도 1년 동안의 공지기간이 있어야 한다"며 "미 대통령의 임기인 최소 4년간은 미국을 붙잡아 둘 수 있다"고 말했습니다. 트럼프의 임기가 끝나 갈 때쯤 조 바이든 미국 대선 민주당 후보는 도널드 트럼프 행정부가 탈퇴한 파리협정에 복귀하겠다고 밝혔습니다. "정확히 77일 안에 바이든 행정부는 파리협정에 다시 가입하겠다"는 글을 올린 것이죠. 파리협정 복귀는 바이든 후보가 기후변화를 음모론으로 치부하고 국제적 협약을 탈퇴해 버린 트럼프 정부의 '과오'를 되돌려 놓는다는 의미로 내세운 상징적 공약이었습니다. 미국은 바이든이 대통령이 당선된 후 파리협정에 다시 가입했습니다.

지구온난화에 관한 사실이 변하지 않아도 국가의 권력이 추구하는 목표에 따라 지구온난화에 관한 규제가 변하기도 하고, 인식이 달라지기도 합니다. 따라서 더더욱 지구온난화의 현주소와 정확한 근거를 알고 있어야 지구온난화를 왜곡하는 주장이나, 환경을 더 악화시키는 법에 동조하지 않을 것입니다.

지구온난화,
정말 위기인가

1850년은 지표기온 관측이 광범위하게 시작된 시기이며, 산업화 시작의 기준 해로 일반적으로 사용된다. 1850년 이후 전 지구 평균 지표기온은 꾸준히 상승해 왔으며 2017년 말에는 산업혁명 이전 대비 1°C 이상 상승했다.

대부분의 사람이 지구온난화에 대해 동의하지만, 그 세부적인 부분에서는 논쟁이 되는 부분이 있다. 마치 트럼프가 파리기후변화협약을 탈퇴했을 때, 그 결정을 지지하는 사람들과 반대하는 사람들이 있었던 것처럼 말이다. '지구온난화는 인정하지만, 지금 당장 손해를 감수하고서라도 국가적으로 친환경사업을 시행해야 할 정도로 심각한가?' 또는 '지구온난화가 오히려 유리할 수도 있는 것은 아닌가?', '정말 인간활동에 의해 일어나는 일이 맞는가?' 등이다. 이런 부분에 대해 TBC 토론회에서는 지구온난화에 관심이 있는 사람들의 신청을 받아 다양한 연령대의 패널로 토론회를 구성하였다. '지구온난화, 정말 위기인가?'를 주제로 찬성 측 패널과 반대 측 패널의 의견을 들어 보겠다.

사회자 —— 지구온난화는 오랫동안 우리에게 심각한 문제로 다가오고 있지만, 그 해결책과 심각성을 인지하는 부분에 대해서는 입장 차이가 있습니다. 이에 저희 토론회에서는 지구온난화에 관심이 있는 시민들을 초대하여 자유롭게 발언하는 토론회를 개최하였습니다. '지구온난화, 정말 위기인가?'를 주제로 지금 당장 심각하다는 입장과, 아직 심각한 단계는 아니라는 입장에서 자유롭게 발언해 주시면 됩니다.

채소연 —— 저는 지구온난화! 아직 심각하지 않다는 입장입니다. 북극곰이 늘어나고 있기 때문이죠. 지구온난화가 심해지고 있다며 굶어 죽어 가고 있는 북극곰을 보여 주면서 후원금을 모집하는 광고를 보았습니다. 연일 매체에서는 북극곰이 멸종위기에 놓여 있다고 합니다. 그런데 며칠 전 충격적인 뉴스기사를 보았습니다. 오히려 북극곰의 수가 사상 최대치를 기록했다고 하더군요. 지구온난화를 떠올려 보면 늘 굶주린 북극곰의 모습의 이미지가 연상되었는데 북극곰의 수가 증가했다니 믿을 수 없어 자료를 더 검색해 보았습니다. 미국 과학지 「폴라베어 사이언스」는 북극곰의 개체 수가 3만 9천여 마리까지 늘어났다고 발표하였습니다. 정말 기후변화가 심각하게 진행되는 것인지 믿을 수 없습니다.

강인영 — 네, 저도 처음에 북극곰의 개체 수가 오히려 늘고 있다는 점을 알았을 때 매우 놀랐습니다. 북극곰의 개체 수에 대한 논문과, 여러 사이트의 결과를 종합해 보았을 때 북극곰의 개체 수가 지구온난화로 인하여 현저하게 감소하고 있다는 발언은 과장과 왜곡의 여지가 있다고 생각됩니다.

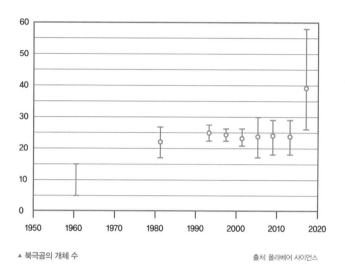

▲ 북극곰의 개체 수   출차: 폴라베어 사이언스

표를 보시면 확실히, 북극곰의 수치가 증가하는 것을 볼 수 있으나 그 사실 하나로 지구온난화로 인한 피해를 부정하기는 어렵습니다. 미국에서 북극곰이 멸종위기종으로 지정된 해가 언제인지 아십니까? 바로 2008년 5월입니다. 북극곰의 사냥이 법적으로 금지된 것이죠. 즉, '단순히 북극곰의 수가 증가했으니, 지구온난화로부터의

위협도 없다'고 생각할 문제는 아닌 것입니다. 또 가장 중요한 것은 북극곰의 서식지인 북극의 얼음 면적이 계속해서 감소하고 있다는 사실입니다.

채소연 —— 네, IPCC 보고서에 따르면, 북극곰의 수와 관계없이 북극의 빙하량이 줄어들고 있는 것은 사실입니다. 북극곰의 서식지가 줄어들고 있으니, 지금 당장은 개체 수가 증가할지라도 언젠가 위협이 될 수도 있다는 것에 동의합니다. 서식지가 줄면 인간과의 충돌도 더 커지고, 먹이활동 반경도 현저히 줄어들 테니까요. 그러나 언론과 방송에서 당장이라도 북극곰이 굶어 죽어 사라질 것 같은 장면으로 지구온난화를 홍보하는 일은 오히려 사람들에게 불신의 소지가 될 수 있다고 생각합니다. 또 빙하량이 감소하고 있는 지금, 오히려 북극곰의 개체 수가 늘어난 상황이므로, 아직 북극곰의 생태에 정확하게 어느 정도의 영향력을 주고 있는지는 더 관찰하고 지켜봐야 할 문제라고 생각합니다.

강인영 —— 네, 정확한 영향력에 대해서 더 조사하고 관찰해야 한다는 것에 동의합니다. 그러나 지구온난화에서 가장 중요한 것은 예방입니다. 서식지 감소로 인해 북극곰의 수가 한참 줄어든 뒤에야, '온실효과가 북극곰의 수에 영향을 미치는구나'라고 깨닫는다면 이미 늦었을 것입니다. 예방적 차원에서라도 온실가스를 줄인 뒤에, 온실가스가 북극에 어떤 영향을 주고, 북극곰의 생태가 어떻게 변화할지 빠르게 판단하여 해결책을 내놓아야 할 것입니다. 단순히 북극곰이 증가하였다고, 관심사에서 제외시키는 일은 훗날 더 큰 문제를 일으킬 수 있습니다.

채소연 ─ 네, 동의합니다. 앞으로도 꾸준히 지구의 온도 상승과 북극곰의 생태에 관심을 가지고 지켜보도록 하겠습니다.

사회자 ─ 네. 북극곰은 지구온난화의 상징적인 동물이죠. 북극곰의 개체 수가 사실상 늘어나고 있다는 것에 대해서는 두 분 다 동의를 하셨습니다. 이에 대해 채소연 님께서는 지구온난화가 심각한 것인지 믿음이 가지 않는다는 입장이시고, 강인영 님께서는 줄어드는 개체를 멸종위기종으로 보호하였기 때문에 늘어난 것이며, 실제로 북극곰의 서식지는 감소하였으므로 지구온난화의 심각성을 폄하하는 요소는 아니라는 입장이시군요. 그렇다면 지구온난화의 다른 측면에서의 변화에 대해 더 들어 보겠습니다.

안재란 ─ 해수면 상승에 대해서 의문을 갖고 있던 점이 있습니다. 물이 담겨 있는 컵에 얼음을 넣었을 때 얼음이 녹으면 물이 되면서 부피가 줄어들게 됩니다. 하지만 얼음이 녹은 물의 부피는 녹기 전 얼음이 물에 잠긴 만큼의 부피와 똑같기 때문에 얼음이 녹아도 컵에서 물의 높이는 변함이 없습니다. 따라서 빙하가 녹아도 해수면의 상승과는 관련이 없는 것 아닙니까?

최창영 ─ 네, 바다 위의 얼음 같은 경우 안재란 님 말씀대로 녹은 빙하 자체가 해수면을 변화시키진 않습니다. 북극의 빙하는 바다에 떠 있는 얼음이므로 녹더라도 바닷물의 높이에 영향을 주지 않으나, 남극의 빙하는 육지 위에 덮여 있습니다. 따라서 남극의 빙하가 녹아 바다로 흘러 들어가면 해수면 상승에 영향을 미치게 되는 것입니다.

안재란 —— 그렇군요. 이제야 납득이 갑니다.

최창영 —— IPCC 해양 및 빙권 특별보고서에 따르면 단순히 남극 빙 상의 유입뿐만 아니라, 해양의 열팽창도 해수면 상승에 기인합니 다. 온도가 높아져 바닷물의 부피가 팽창하는 것이죠. 국립해양조 사원에 따르면 1989년부터 2018년까지 제주도의 해수면은 연 평 균 5.43mm 증가하였습니다. 세계적으로 평균 해수면 상승속도가 3.6mm/yr인 것에 비해 꽤 높은 수치입니다.

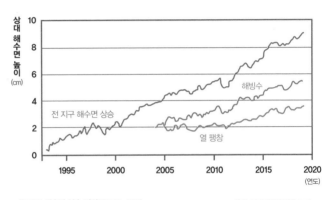

▲ 전 지구 해수면 상승 기여도(1993~2018)　　　　　　　　출처: 미국 해양대기청(NOAA).

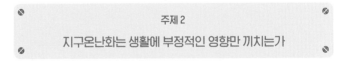

주제 2

지구온난화는 생활에 부정적인 영향만 끼치는가

안재란 —— 해수면이 상승하는 것은 이해하였습니다. 그런데 지구온난 화가 꼭 부정적인 영향만 있을까요? 며칠 전 『지구온난화에 속지 마라』라는 책을 읽었습니다. 그 책에 따르면 역사적으로 인간의 식량 생산이 온난화 시기에 더 증가하였습니다. 온난한 기후가 식물이 좋아하는 조건들, 즉 햇빛과 강우, 그리고 늘어난 생장 시간 등을 제공하기 때문입니다. 방금 해수면의 열 팽창을 이야기하셨는데요. 해수면의 온도가 올라가면 바닷물이 더 많이 증발하여 비나 눈으로 떨어지게 되어 강수량이 증가합니다. 또 같은 실험조건에서 이산화탄소가 증가하면 밀 생산량이 증가한다는 결과도 나왔습니다.

최창영 ── 방금 "같은 실험조건에서"라고 하셨죠? 물, 바람 등이 통제된 안전한 환경에서 이산화탄소 농도만 변화시킨 조건이지 않습니까? 지구온난화로 일어날 수 있는 수많은 자연재해를 무시하고 얻어 낸 결과라고 생각합니다. 자연은 블록 쌓기처럼 간단하지 않습니다. 한 부분이 변하면 우리가 생각지도 못한 다른 부분에서의 변화가 일어나고 도미노처럼 새로운 변화를 야기할 수 있습니다.

안재란 ── 네, 실제 자연에서는 여러 가지 변수가 작용할 테니까요. IPCC 보고서에서도 일부 저위도에서는 밀 수확량이 감소하고, 다수 고위도에서는 밀 생산량이 수십 년간 증가하였다고 하였습니다. 지구온난화가 전 지구적인 식량난을 일으킨다는 부분에 대해서는 부정적인 견해입니다.

최창영 ── 그렇군요. 지구온난화가 식량에 미치는 영향에 대해서는 좀더 구체적이고 다양한 변수를 고려하여 생각해 볼 필요가 있겠네요. 그러나 여전히 저는 홍수와 가뭄 등의 피해가 우려스럽습니다. IPCC 보고서에서는 온난화와 더불어 폭염 등 열 관련 현상의 빈도, 강도 및 지속기간이 증가할 것이고, 가뭄의 빈도와 강도는 지중해와 남아프리카 지역에서 특히 증가한다고 했습니다. 극한 강우 현상의 빈도와 강도도 많은 지역에서 증가할 것이며, 기후대는 중위도와 고위도에서 극쪽으로의 이동이 발생할 것으로 전망했습니다.

안재란 ── 기후변화의 심각성을 인지하고 예방하는 것도 좋겠지만, 기후변화에 우리가 적응해 나가야 할 필요도 있다고 봅니다. 가뭄과 병충해에 강한 내성을 가진 식품 종자들을 개발하고, 기후변화로 인해 오히려 식량이 증가한 곳에서 식량을 수입해 오는 등 인간이 적응해 나가야 할 부분도 있다고 생각합니다.

사회자 ── 네, 잘 들었습니다. 해수면 상승에 대한 논의를 나누어 주셨습니다. 해수면 상승에 의한 환경 변화와 그로 인한 식량 생산의 변화를 이야기하셨고, 해수면이 상승하는 것을 방어해야 하느냐, 아니면 환경 변화를 받아들이는 순응을 택해야 하느냐에 관한 논의였습니다. 지구온난화로 인해 나타나는 또 다른 현상에 대해 이야기해 주실 분 계신가요?

> **주제 3**
> **지구온난화로 인해 지구는 항상 더울까**

안연우 ── 네, 저는 지구온난화를 꼭 막아야 할까라는 생각을 하는 입장입니다. 저는 평상시에 추위를 많이 탑니다. 따라서 지구의 평균 기온이 상승한다는 것은 저에게 반가운 소식입니다. 트럼프 전 대통

령은 미국에 유례없는 한파가 찾아왔을 때 지구온난화가 필요하다
는 트위터를 올리기도 했습니다.

Donald J. Trump ✔
@realDonaldTrump

In the beautiful Midwest, windchill
temperatures are reaching minus 60 degrees,
the coldest ever recorded. In coming days,
expected to get even colder. People can't last
outside even for minutes. What the hell is
going on with Global Waming? Please come
back fast, we need you!

오후 6:28 · 2019년 1월 28일

49,468 리트윗 195,547 마음에 들어요

◯ 128,166   ⎆ 49,468   ♡ 195,547

ⓒ Twitter.

최현진 —— 지구온난화에 의해서 점점 따뜻해지기만 할까요? 그렇지 않
습니다. 트럼프 전 대통령이 언급한 유례없는 한파가 바로 그 예입
니다. 어떤 지역의 사람들은 사상 최악의 한파를 맞이하게 됩니다.
북극은 기온이 낮고, 중위도는 상대적으로 기온이 높습니다. 북극
과 중위도의 기온 차이가 클수록 기압의 차이는 더 커집니다. 기압
차이에 의해서 상층에서는 북극과 중위도 사이를 가로지르는 바람
이 생기는데, 기압 차이가 커지면 커질수록 더욱 강한 바람인 제트
기류를 형성합니다. 이 제트 기류는 북극의 차가운 공기를 가두어
중위도로 흘러나오지 못하게 하는 방어막 역할을 합니다. 북극의 기
온이 점점 상승하면 어떻게 될까요? 북극과 중위도의 기압 차이가
줄어드니 상대적으로 약한 제트기류가 형성될 것이고, 차가운 북극

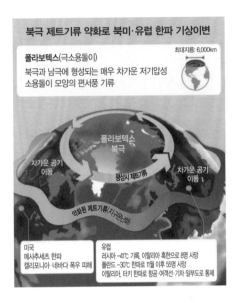

북극 제트기류 약화로 북미·유럽 한파 기상이변

폴라보텍스(극소용돌이)
북극과 남극에 형성되는 매우 차가운 저기압성
소용돌이 모양의 편서풍 기류

최대지름: 6,000km

폴라보텍스
북극

차가운 공기
이동

평상시 제트기류

차가운 공기
이동

약화된 제트기류(지구온난화)

미국
메사추세츠 한파
캘리포니아·네바다 폭우 피해

유럽
러시아 -41℃ 기록, 이탈리아 혹한으로 8명 사망
폴란드 -30℃ 한파로 11월 이후 55명 사망
이탈리아, 터키 한파로 항공·여객선·기차·일부도로 통제

▲ 북극 제트기류 약화로 북미, 유럽 한파 기상이변

공기는 약해진 제트기류를 비집고 더욱 남쪽으로 진입하면서 중위도 지역의 겨울이 평소보다 더 추워지는 것입니다. 2021년 2월 미국에서는 사상 최악의 한파와 토네이도가 동시에 일어났습니다. 텍사스는 심한 한파로 인한 정전 사태로 식수와 식량이 끊겨 햄버거 하나를 사는 데 4시간을 줄 서 있는 일이 생기기도 했습니다. 한파로 31명이 목숨을 잃기도 했고요. 미국에서는 지구온난화로 인해 제트기류가 약해져 북극의 차가운 소용돌이가 미국에 한파를 몰고 왔다고 설명하고 있습니다. 지구온난화는 지구를 뜨거워지게도, 또 어떤 곳은 더 차가워지게도 만드는 것이죠.

안연우 ── 오히려 추워지는 곳이 있군요. 저도 해양컨베이어벨트에 관한 가설을 들어 본 적이 있습니다. 극지방의 차가운 해수는 빙하가 얼면서 짠 바닷물에서 물 분자만 얼고 염분은 바닷물에 남습니다. 따라서 극지방 바닷물의 염분은 높아지고 수온이 낮아 밀도가 큽니다. 따라서 바다 깊은 곳으로 침강하여 저위도로 흐르고 저위도의 더운 해수는 북쪽으로 올라가며 해수가 순환하며 지구의 온도가 평형을 이루고 있습니다. 그런데 북극의 빙하가 녹고, 온도가 높아지면 밀도가 충분히 크지 않아 더 이상 침강하지 않고 추운 북쪽에 머무르게 됩니다. 그러면 바닷물의 순환이 약해지게 되고 고위도지역은 오히려 해수에 의해 온도가 더 낮아질 수 있다는 것이지요. 실제로 캐나다와 미국공동연구팀이 해저를 순환하는 바닷물의 움직임이 느려졌다는 것을 관찰하였답니다. 지구온난화에 의해 오히려 추워지는 지역이 있다는 것이 신기합니다.

사회자 ── 지구온난화가 단순하게 지구의 온도를 높이기만 하는 것은 아니군요. 자, 그럼 이제 기후변화가 과연 인간의 활동에 의한 것인지에 대한 논의를 나눠 보았으면 합니다. 말씀해 주실 분 계신가요?

주제 4
지구온난화, 인간에 의한 것일까

한연근 ── 저는 기후변화에서 인간의 활동이 가장 큰 영향을 끼치는 것은 아니라고 생각합니다. 우선, 자전축의 변화입니다. 지구의 공전면과 자전축이 이루는 각도는 현재 23.5°인 상태에 있지만 이 각도는 긴 시간을 두고 22.1°와 24.5° 사이에서 주기적으로 변하는데 그 주기가 일정하지 않지만 대체로 4만 1천 년입니다. 지금으로부터 1만 년 전에 이 경사각이 가장 컸고 지금은 경사각이 점차 작아져 가는 시기라서 북반구는 계절 간 기온 차이가 더 줄어들고 있습니다. 여름엔 덜 더워지고, 겨울엔 덜 추워지는 것이죠.

두 번째는 이심률[3]의 변화입니다. 지구가 태양을 공전할 때 타원 궤도의 이심률이 10만 년 정도의 주기로 최소 1%에서 최대 11%까지 변합니다. 이 이심률도 지금은 줄어들고 있는 시기라서 계절 간 기

3
물체의 운동이 원운동에서 벗어난 정도

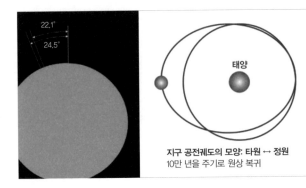

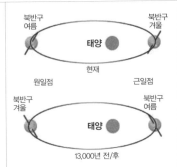

▲ 자전축의 기울기 변화　　　　▲ 지구 공전궤도 이심률 변화　　　　▲ 지구의 자전축 선회

온 차이가 줄어들게 되는 것입니다.

세 번째는 자전축의 선회입니다. 자전축 자체가 약 2만 7천 년 주기로 팽이처럼 선회를 합니다. 이 결과로 자전축이 정반대로 선회되면 북반구의 여름은 지금과 반대로 태양과 지구 간의 거리가 가장 짧은 시기에 여름이 되기 때문에 더 더워지고 겨울은 태양과 지구 간의 거리가 가장 먼 시기가 되므로 더 추워지는 효과가 나게 됩니다. 이런 자연적인 요소에 의해 비하면 인간의 활동에 의한 지구온난화는 미미한 양 아닐까요?

최문주 ── '지구 자전축 기울기나 공전궤도의 변화 등 자연적인 변동으로 지구 평균기온이 변한다'는 것은 과학적 사실이지만, 산업혁명 이후에 벌어지고 있는 기후변화는 인간이 과도하게 내뿜은 온실가스 때문이라는 게 IPCC를 포함한 거의 모든 과학자의 일치된 의견입니다. 한연근 님이 말씀하신 대로 기후변화의 자연적 요인은 태양활동의 변화, 태양-지구 사이의 상대적인 천문학적 위치 변화(밀란코비치 주기),[4] 화산 폭발에 의한 성층권 에어로졸 증가 등을 들 수 있으며, 인위적 요인은 인간 활동에 의한 온실기체 증가와 SOx 및 NOx 계열 에어로졸 증가, 그리고 토지 이용의 변화 등을 들 수 있습니다. 기후 과학자들은 최신 기술의 여러 지구시스템 모델을 이용해 지구온난화의 원인을 규명하기 위해 노력하고 있습니다. 다수의 지구시스템 모델 실험을 이용한 IPCC 5차 평가보고서에 따르면 산업혁명 이후 전 지구 평균 지표기온 상승에 자연적 요인인 자연 강제력 및 자연적 내부 변동성은 거의 기여하지 않았으며, 인위적 온실기체 증가가 이 지표기온 상승에 주요 원인입니다. 또 대기 중 주요 온실기체들이 인위적 온실효과 발생에 상대적으로 기여하는 정도는 이산화탄소가 약 60%를 기여했으며, 메탄, 대류권 오존, 아산화질소가 각각 15%, 8%, 5%를 차지한 것으로 평가됩니다. 한연근 님이 주장하신 지구 외부적 요인의 변화 주기가 어느 정도인지 다시 한번 말씀해 주시겠습니까?

한연근 ── 자전축 기울기 변화는 약 4만 1천 년이고, 이심률 변화는 10만 년, 자전축 회전 변화는 약 2만 7천 년입니다.

최문주 ── 네, 지구는 산업혁명 이후 급격히 온도가 상승하였고 고작 100년 만에 일어난 변화입니다. 한연근 님이 말씀하신 요인에 의한 변화라면 몇 만 년에 걸쳐 서서히 일어나야 하지 않습니까?

한연근 ── 하지만 지구 외적인 변화는 그뿐만이 아닙니다. 약 11년 주기로 태양 활동이 강약을 되풀이(태양 흑점 주기)[5]하기 때문에 지구에 도

밀란코비치 주기는 세르비아의 지구물리학자이자 천문학자인 Milutin Milanković의 이름을 따서 명명한 것으로 수천 년 이상의 기후변화를 유도하는 지구 공전 운동의 변화와 연관된 주기 운동을 의미한다. 밀란코비치는 지구 궤도의 이심률, 자전축의 기울기 및 세차 운동의 변화가 지구에 도달하는 태양복사량의 주기적인 변화를 가져왔으며, 이러한 변화가 지구의 기후 패턴에 영향을 미친다고 주장하였다.

태양면 위에 나타나는 흑점 수는 11년을 주기로 증감하고 있다. 흑점 자장의 변화를 고려하여 22년 주기라 생각하는 편이 좋으나, 주기는 매년 조금씩 달라지고 있다. 또 항상 흑점이 일정한 비율로 증감하고 있는 것은 아니며, 17세기에는 50년 가까이 흑점이 나타나지 않은 기간도 있었다.

달하는 태양에너지 양도 변하게 됩니다. 현재는 태양 흑점 주기 극소기로, 저는 앞으로 지구의 온도가 낮아지는 시기도 다시 오지 않을까 생각합니다.

최문주 —— 말씀대로 지금은 태양 활동의 극소기입니다. 따라서 이미 지구의 온도가 낮아졌어야 하는데 그럼에도 꾸준히 온도가 상승하고 있습니다. 즉, 인간의 영향력이 더 크게 나타나기 때문이라고 생각할 수 있습니다. 영국 기상청은 아직은 태양보다 지구의 이산화탄소가 세계 기후변화에 미치는 영향이 더 크기 때문에 '극소기설'은 무시해도 될 것이라고 밝혔습니다. '2100년까지 태양의 움직임이 감소할 것으로 보이나 평균 세계 기온은 겨우 0.08°C 정도 내려가는 정도에 그칠 것'이라고 전한 기상청 대변인 피터 스캇Peter Scott은 '우리가 관측한 태양 활동의 감소는 온실가스의 영향에 비하면 기온 변화에 그다지 큰 영향을 주지는 않을 것'이라고 주장했습니다. 저는 오히려 걱정입니다. 극소기가 지나면 이제 다시 태양의 활동이 활발해지는 시기가 오고, 지구온난화가 더욱 활발해지지 않을까 싶습니다.

사회자 —— 네, 잘 들었습니다. 한연근 님은 지구의 공전궤도와 태양의 활동을 근거로, 자연적인 변화에 의한 온도 변화를 이야기해 주시면서 기후변화에는 자연적인 변화도 영향을 미친다는 입장을 들려주셨습니다. 최문주 님은 IPCC의 보고서를 인용하여 현재의 기후변화는 자연적 변화보다 인간에 의한 변화가 압도적이라는 의견이시군요. 슬슬 토론시간이 마감되어 가는데요. 모두가 지구의 온도 상승에 대해서는 동의를 하지만, 구체적으로 온도가 상승하는 원인,

교과서 토론 | 과학

온도 상승으로 인한 변화에 대해서는 조금씩 이견이 있었습니다. 토론을 지켜봐 주신 여러분께서도 토론을 보시면서 다양한 의견이 마음속에 생기셨을 것입니다. 앞으로도 기후변화와 관련된 현상에 주의 깊은 관찰과 관심 부탁드리며 오늘 토론 마치도록 하겠습니다. 감사합니다.

지구온난화와 탄소 배출권

탄소 배출권은 '종량제 쓰레기봉투'와 비슷하고, 탄소 배출권 거래 제도는 '쓰레기종량제'와 비슷합니다. 사람들이 길거리에 쓰레기를 마구 버리려 하니, 쓰레기종량제를 통해 쓰레기봉투를 구입해서 버리게 하는 거죠. 그러면 길거리를 깨끗하게 할 수 있고, 쓰레기봉투 대금은 쓰레기 처리 비용으로 쓸 수 있습니다.

탄소 배출권 거래 제도도 비슷한 개념인데요. 탄소 배출권 거래 제도는 지구상의 모든 인간에게 일정량씩 이산화탄소를 배출할 수 있는 권리를 할당해 준 다음, 할당받은 탄소 배출권보다 적게 배출한 경우 이를 많이 배출한 사람에게 팔 수 있도록 거래하는 제도를 말합니다. 탄소 배출권은 이런 탄소 배출권 거래 제도에서 거래되는 권리를 말하는 것이죠. 탄소 배출권 거래 제도는 이산화탄소 배출량을 줄임으로써 지구온난화를 막기 위해 만들어졌습니다.

지금까지 이산화탄소를 배출하는 것은 무료였습니다. 그러다 보니 이산화탄소를 함부로 배출하게 되고, 지구 대기 중에 이산화탄소이 양이 아주 많아졌습니다. 탄소 배출권 거래 제도를 통해 배출할 이산화탄소가 적다면 탄소 배출권을 다른 사람에게 팔아서 돈을 벌 수 있습니다. 그러므로 사람들은 이산화탄소 배출량을 줄이려고 노력하게 되겠죠. 탄소 배출권 거래 제도가 제대로 시행되고, 그로 인해 이산화탄소 배출량이 실질적으로 줄어들어야만 인류의 미래가 보장될 수 있을 것입니다.

마무리
하기

지구온난화, 정말 위기인가

1. 지구온난화에 대한 토론 내용을 보고, 각 주장에 관한 근거를 정리해 적어 보세요.

지구온난화, 정말 위기인가?		
지구온난화로 인해 북극곰이 죽어 가는가?	북극곰은 지구온난화와 관계없다. 근거 :	북극곰은 지구온난화로 인해 위기 에 처해 있다. 근거 :
지구온난화는 생활에 부정적인 영향만 끼치는가?	지구온난화도 장점이 있다. 근거 :	지구온난화는 부정적 영향을 끼 친다. 근거 :
지구온난화로 인해 지구는 항상 더울까?	지구는 모든 곳이 따뜻해질 것이다. 근거 :	지구온난화로 인해 추워지는 곳이 있다. 근거 :
지구온난화, 인간에 의한 것일까?	자연활동에 의한 것이 가장 큰 영 향을 끼친다. 근거 :	인간활동에 의한 것이 가장 큰 영 향을 끼친다. 근거 :

2. 지구온난화에 관한 자신의 생각을 적어 보세요.

▲ **존 컨스터블**(1776~1836년), 「**브라이튼의 사슬 잔교**」, **1824~1827년.** 영국의 낭만주의 화가인 존 컨스터블의 작품이다. 구름의 모양과 배들이 해변으로 돌아오는 모습을 통해 폭풍우가 오기 직전인 당시 기상 현상을 알 수 있다. 지구온난화로 변해 가는 지구의 모습은 어떻게 그려질까.

· 쟁점 8 ·

유전자 변형 생물

― GMO, 사용해도 되는가

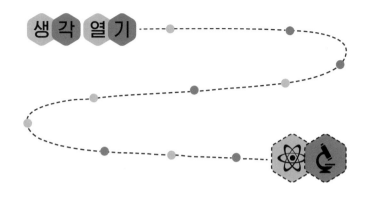

우리가 겨울철에 먹는 과일인 딸기와 바다에 사는 넙치는 어떤 연관성이 있을까요? 우리나라에서 딸기는 원래 5~6월이 제철인 초여름 과일이었지만 지금은 겨울철에 먹는 대표적인 과일 중 하나가 되었습니다. 이렇게 딸기의 제철을 바꾼 범인이 바로 차가운 바다에서 사는 북대서양 넙치라는 사실이 신기하지 않은가요? 딸기와 넙치는 자연적인 교배를 통한 방법으로는 전혀 유전정보를 받을 수 없는 동떨어진 생물 종입니다. 하지만 유전자 가위, 유전자 재조합 등 유전공학 기술을 이용하여 인간이 의도한 유전자를 넣고 발현시켜 새롭게 만들어진 생물이 바로 겨울에 먹는 딸기입니다. 추위에 강한 넙치의 유전자를 품은 딸기는 겨울철에도 얼지 않고 잘 자라기 때문에 겨울철 대표 과일이 된 것입니다. 즉, 눈으로 보이는 표현형[1]은 딸기이지만 분자적으로 살펴본 유전자형[2]은 넙치의 일부가 들어 있는 완전히 새로운 생명체입니다. 이렇게 원래 고유의 유전정

환경과 유전물질의 상호작용으로 생김새, 크기, 행동, 색 등과 같이 관찰 가능한 생물의 특징을 말한다.

어느 한 생물의 유전적 구성을 말한다. 유성생식을 하는 생물의 유전자형은 부모로부터 각각 1/2씩 물려받는다.

▲ 원래 5~6월이 제철인 초여름 과일이었던 딸기는 북대서양 넙치로 인해 지금은 겨울철에 먹는 대표적인 과일 중 하나가 되었다.

보를 가진 생물이 다른 생물의 유전자에 의해 변형된 것을 유전자 변형 생물, 트렌스제닉transgenic 또는 GMO라고 부릅니다.

겨울에 먹는 딸기는 넙치의 유전자 일부를 재조합하여 만든 것이므로 추위에 강한 것 이외에는 딸기 본래의 유전적·생태적 특성을 유지하고 있습니다. 따라서 요즈음 사람들이 민감하게 생각하는 유전자 변형 식물인지는 고민해 볼 필요가 있습니다. 그런데 유전자 변형 식물 중 표현형은 자연 상태와 같지만 유전적 특성이 크게 바뀌어 제초제에 죽지 않거나, 곤충이 먹으면 오히려 곤충이 죽게 되는 식물 등 자연의 법칙과 어긋나는 식물들이 개발되어 상업적으로 재배되고 있기도 합니다. 세계에서 상업적으로 재배되는 유전자 변형 농작물은 콩, 옥수수, 면화, 카놀라(유채)가 대부분이며 아직 우리나라에서는 상업

교과서 토론 | 과학

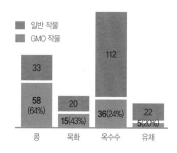

세계 주요 GMO 작물 재배면적 및 비율
(단위: 백만ha, 2007년 기준)

일반 작물
GMO 작물

33

112

58
(64%)

20

15(43%)

36(24%)

22

5(20%)

콩   목화   옥수수   유채

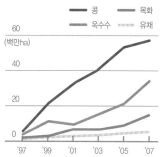

세계 주요 GMO 작물별 재배면적 추이

콩   목화
옥수수   유채

60
(백만ha)

40

20

0

'97   '99   '01   '03   '05   '07

▲ 세계 주요 GMO 작물 재배면적

적 재배가 허용되고 있지 않습니다. 하지만 유전자 변형 콩과 옥수수에 대한 수입량은 시간이 지날수록 증가하고 있어서 건 강과 생태계에 해를 끼치지 않을지 걱정하는 우려의 목소리도 높아지고 있습니다.

　우리나라에서 수입하는 유전자 변형 콩이나 옥수수 대부분 은 가축 사료로 이용되거나 식용으로 이용하는 경우에도 당이 나 식용유 등의 원료로 사용하기 때문에 우리가 직접적으로 섭 취하는 일은 없다고 합니다. 우리가 직접적으로 먹지 않더라도 사람들이 유전자 변형 생물에 대한 유해성과 윤리적 측면의 문 제를 꾸준히 제기하고 있는 까닭은 무엇 때문일까요? 또 어떤 사람들은 유전자 변형 생물이야말로 모든 인류를 굶주림이나 질병으로부터 해방시킬 수 있는 최고의 발명품이라 주장하기 도 합니다.

여러분도 유전자 변형 생물에 대해 들어 본 경험이 있을 것입니다. 그렇다면 GMO 생물에 대한 여러분의 생각은 어떠한가요? 유전자 변형 생물에 대한 쟁점 속으로 함께 들어가 볼까요?

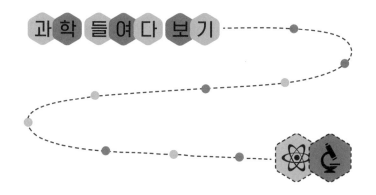

인류에 의한 생물 변형의 역사는 기원전 1만 년 전인 신석기 시대로 거슬러 올라갑니다. 이전까지 수렵과 채집 생활을 하던 인류가 이때부터 농사를 짓기 시작했고, 자신이 살고 있는 환경에 가장 적합한 식물을 선택하게 되었습니다. 그래서 중국 황하강 지역에서는 쌀, 아메리카 대륙에서는 감자나 옥수수, 메소포타

▲ 세계 최초의 복제 동물 '돌리'

© Wikipedia

미아 지역에서는 밀을 재배하였고, 현재까지도 각 지방의 주식으로 자리 잡게 되었습니다. 인류는 농사를 지으면서 알갱이가 굵고 튼튼한 종자를 골라 심으면 더 많은 수확을 얻을 수 있음을 알게 됩니다. 그리고 약 150여 년 전 멘델의 유전법칙[3]이 발견되면서 비로소 유전자적 접근을 통한 생물 변형이 이루어지게 되었죠. 1953년 왓슨과 크리크^{James Watson & Francis Crick}가 DNA

1865∼1866년 사이에 발표한 유전학의 법칙을 말한다. 완두콩에 대한 형질 조사를 바탕으로 정리하였으며, 우열의 법칙, 분리의 법칙, 독립의 법칙이 있다.

대립 유전자 사이의 우열 관계가 불완전하여 부모의 중간 형질이 나타나는 유전을 말한다. 예를 들어, 붉은색 분꽃과 흰색 분꽃을 교배하면 잡종 1세대에서는 분홍색 분꽃만 나타난다.

유전현상의 기본적인 작동을 분자 수준에서 연구하는 학문을 말한다. DNA와 RNA의 분자구조가 밝혀짐에 따라 유전정보 및 형질 발현, 유전암호, 유전자 복제, 재조합과 이에 대한 유전적 작동 등을 좀 더 쉽게 이해할 수 있게 되었다.

다 자란 암양에게서 채취한 체세포를 이용하여 복제 기술로 세포를 제공한 암양과 똑같은 유전정보를 가진 새끼양 돌리를 1996년 탄생시켰다.

구조를 알아내기 전까지 멘델의 유전법칙은 교배를 통한 잡종 hybrid 형성으로 식물을 변형하는 가장 기본적인 방법이었습니다. 멘델의 유전법칙에 의한 종자 개량은 많은 종묘회사에서 현재까지도 사용하고 있는 방법이기도 합니다. 멘델이 죽은 후에 중간유전,[4] 유전자 연관 등이 밝혀지기는 하였지만 여전히 멘델을 유전학의 아버지라고 부르는 까닭입니다.

1953년 왓슨과 크리크에 의해 DNA 구조가 밝혀진 이후 분자유전학[5]이 시작되어 본격적인 유전공학(유전자 재조합)을 통한 인류의 생물체 변형 연구가 활발하게 이루어졌습니다. 급기야 1996년 영국에서는 윤리적으로 많은 논란이 있었던 복제양 돌리[6]를 탄생시키기에 이르게 되었죠.

GMO 생물, 특히 식용 작물의 유전자를 변형하려는 발상은 어디에서 시작되었을까요? 멘델의 종자 개량과 같은 전통적인 변형 과정은 무작위 방식이기 때문에 시행착오가 많아 오랜 개발 기간이 필요합니다. 하지만 유전공학기술을 이용한다면 1~2년 만의 짧은 기간에 새로운 식물을 만들 수 있습니다. 그래서 상업적으로 이용할 식용 GMO 식물 개발에 대한 공통의 관심사를 가진 과학자들이 1981년 세계 최초의 농생명공학회사인 칼젠Calgene을 만들게 됩니다. 이윽고 1994년 칼젠은 무르지 않는 유전자를 넣은 세계 최초의 유전자 변형 식물인 플레이버세이버Flaver Saver 토마토를 판매하였습니다. 이를 계기로 식용 유전자 변형 식물의 상업성을 인식한 다국적 제초제 회사들이 본격적인 상업화에 뛰어들어 제초제에 내성을 가지거나 해충의 피해를 입지 않는 농작물을 개발하게 됩니다.

　더 나아가 최근에는 유전자 변형을 통한 애완용 동물도 개발되고 있습니다. 제브라피시라는 물고기는 형광을 내도록 유전적으로 변형된 물고기입니다. 우선, 형광물질을 내는 유전자 변형 식물을 개발한 다음 이 식물의 유전자를 자연상태의 제브라피시 유전자에 넣어 빛이 나게 하는 것입니다.

　한편, 유전자 변형 생물이 질병 치료 등을 위해 개발되기도 합니다. 그중 현재 가장 많이 이용되고 있는 것이 유전자 재조합을 통한 의약품 생산입니다. 인체의 췌장에서 인슐린 합성이 제대로 되지 않을 때 나타나는 질병이 바로 당뇨병입니다. 즉, 인체에 인슐린이 부족하여 나타나는 증상을 완화시키기 위해서는 인슐린을 넣어 주는 것이 가장 좋은 방법입니다. 유전공학 기술이 발달하기 전인 1970년대 이전까지는 인공적인 인슐린 합성이 어려워 환자들은 돼지나 소와 같은 동물의 췌장에서 인슐린을 뽑아내 사용하였습니다. 이는 생산량도 적을뿐더러 가격이 매우 비쌌고 다른 동물에서 뽑은 것이므로 부작용도 심하였습니다. 하지만 대장균 유전자 재조합 기술을 이용한 대량 합성으로 인류는 당뇨의 두려움에서 벗어나게 되었답니다.

　지금까지 유전자 변형 생물에 대한 역사와 이용 등에 대해 살펴보았으니 자신의 관점을 정하여 공개 토론회에 참여해 보도록 합시다.

유전자 변형 생물은 자연 상태의 생물에 인간이 필요한 유전자를 주입하여 새롭게 만들어진 생물을 말한다. 겉모습은 크게 차이가 없으나 식물이 동물의 유전자를 가지고 있거나 그 반대인 경우 등 자연 상태에서는 나타날 수 없는, 유전적으로 전혀 다른 특징을 가진 생물이다. 유전공학 기술이 발달하면서 질병 극복, 기아 해결, 환경문제 해결 등을 위해 적극적으로 사용해야 한다는 긍정적인 의견이 있다. 반면, 유전자 변형 생물이 자연 상태에 노출되었을 때 새로운 돌연변이를 만들어 생태계나 인체 내에 더 큰 문제를 일으킬 수 있으므로 제한해야 한다는 부정적인 의견도 있다.

이곳은 'GMO, 사용해도 되는가?'에 대해 자유롭게 의견을 나누는 토론회장이며, 그 열기가 매우 뜨겁다. 토론은 세 가지 주제로 나누어서 진행될 예정이다.

사회자 — 이번 주제는 유전자 변형 생물의 안전성으로 한정하여 진행합니다. 우리나라도 유전자 변형 콩이나 옥수수 수입량이 증가하고 있으며, 따라서 유전자 변형 식품에 대한 안전성 문제도 꾸준히 제기되고 있습니다. 이에 대한 의견 들어 보겠습니다. '유전자 변형 생물 안전한가?'에 대한 의견을 한 분씩 돌아가면서 말씀해 주시지요.

김찬성 — 저는 유전자 변형 식물을 이용한 식품은 매우 안전하고 아무런 문제가 없다고 생각합니다. 여러분은 매일 어떤 음식을 먹고 있는지요? 지금 건강에 어떤 문제가 있었나요? 모두 건강하신 것 같군요. 그렇습니다. 우리가 알게 모르게 먹는 음식 중에는 유전자 변형 옥수수나 콩을 이용한 것이 많습니다. 식용유나 요리용 당이 대부분 이것들로 만들었기 때문입니다. 유전자 변형 옥수수나 콩 자체를 이용한 음식은 판매하지 못하도록 법으로 정해져 있고, 식품에 한해서는 기름이나 당과 같은 것의 원료로만 사용하기 때문에 안전하다고 생각합니다. 오히려 효율을 생각해서 유전자 변형 옥수수나 콩 자체를 이용한 음식도 만들 수 있도록 허가하여야 한다고 생각합니다.

박찬수 — 저도 동의합니다. 우리나라는 쌀 이외에 식량 자급량이 매우 낮은 국가입니다. 이런 국가에서 유전자 변형 농산물이라고 하여 직접적인 섭취를 금지한다는 것은 바람직하지 않습니다. 우리가 수입하는 옥수수와 콩 중 많은 양은 동물 사료로 이용되고 있습니다. 동물 사료는 식용유나 당처럼 가공을 거치지 않고 직접 제공하고 있습니다. 하지만 가축들이 유전자 변형 농산물을 직접 섭취하였다고 질병에 걸리거나 죽었다는 이야기는 들어 본 적이 없습니다. 만약 유전자 변형 농산물이 해롭다면 이미 가축들에게서 문제가 있었어야 한다고 생각합니다. 유전자 변형 농산물이 해롭다는 것은 과장된 이야기죠.

이반대 —— 찬성 측 토론자 두 분께서는 유전자 변형 농산물의 표현형과 유전자형 측면에서 생각해 보실 것을 권합니다. 유전자 변형 옥수수나 콩이 비록 눈에 보이는 외부 모습은 자연 상태의 것과 동일하지만 유전자는 매우 다름을 두 분 모두 알고 계시리라 생각합니다. 식물 속에 있을 수 없는 동물 유전자가 있거나 옥수수를 먹이로 먹는 나방 애벌레를 죽이는 독성 유전자가 있는데 과연 안전하다고 생각하시는지요? 유전자는 우리 눈에 보이지 않을 뿐만 아니라 변이가 천천히 일어나기 때문에 지금 문제가 나타나지 않는다 하여 앞으로도 안전하다고 단정할 수 없습니다.

강반석 —— 맞아요. 미국 옥수수 농업에 가장 큰 피해를 주는 것이 조명나방 애벌레라고 합니다. 그런데 옥수수의 천적인 조명나방 애벌레가 원래 먹이인 옥수수를 먹고 죽는다면 어떻게 생각해야 할까요? 물론 유전자 변형 옥수수를 말하고 있습니다. 이 유전자 변형 옥수수는 단순한 식물이 아니라 살충제인 것입니다. 식물의 모습을 한 살충제, 우리가 매일 이런 살충제를 먹어야 하나요? 지금은 사용한 지 얼마 되지 않았기 때문에 문제가 나타나지 않을 수 있습니다. 하지만 과거의 사례를 보면 나중에 큰 문제가 발생할 수 있습니다. 조금 차이가 있지만 유전자에 의한 살충제 농축, 과연 유전자 변형 식품 안전할까요?

사회자 — 네, 말씀해 주신 의견을 종합해 보면, 찬성 측 입장에서는 유전자 변형 식품을 이용하고 있지만 현재까지 아무런 문제가 나타나지 않았으며, 법으로 제한하고 있어서 국민들이 직접적으로 섭취할 수 없을 뿐만 아니라 유전자 변형 식품에 대한 문제는 과장된 것이라고 말씀해 주셨습니다. 반대 측 입장에서는 유전자 변형 생물을 이용한 식품의 문제점은 눈에 보이는 것이 아니라 유전자 수준에서 변이가 나타나므로 문제는 앞으로 더 지켜보아야 하며, 곤충 내성을 가진 옥수수는 살충제 성분을 가지고 있어서 생물 농축에 문제가 있을 수 있다고 하였습니다. 그럼 이제 자유롭게 질문과 답변하는 시간을 갖도록 하겠습니다.

이반대 — 우리나라에서는 연구 차원 외에는 유전자 변형 농산물의 상업적 재배를 금지하고 있습니다. 상업적 재배를 허용 중인 외국의 경우에도 무척 까다로운 조건을 달고 있죠. 예를 들어, 미국의 경우 유전자 변형 옥수수 재배 단지는 자연 상태 옥수수 재배 단지와 일정 거리 이상을 띄우고 그 사이에는 옥수수와 전혀 다른 농작물을 재배하도록 하고 있습니다. 그 거리는 옥수수가 풍매화이므로 꽃가루가 바람에 날려서 이동할 수 있는 최대 거리 이상이라고 합니다. 그 까닭은 유전자 변형 옥수수가 자연 상태로 퍼졌을 때 예상치 못한 변이를 일으킬 가능성 때문이라고 합니다.

김찬성 ── 네, 알고 있습니다. 그것은 혹시 모를 사고를 예방하는 차원이지 유전자 변형 옥수수가 위험하기 때문은 아니라고 생각합니다. 남미의 어느 국가에서 유전자 변형 옥수수를 일반 옥수수와 함께 재배한 농민이 있어 사회문제가 되었다는 뉴스를 본 적 있습니다. 하지만 과장된 위험성 때문이었지, 실제로는 아무런 문제도 발생하지 않았습니다.

강반석 ── 혹시 모를 사고를 예방하는 차원, 이 말이 매우 중요한 것 같습니다. 유전자 변형 농작물의 안전성은 완전히 검증되지 않았습니다. 물론 앞으로 연구가 계속되어 유전자 변형 식물이 안전하고 생태계 혼란을 초래하지 않는다는 결론이 나온다면, 오늘의 토론이 무의미하게 될 수도 있겠지요. 지금도 큰입배스, 블루길 같은 외래 어종과 돼지풀이나 미국 자리공 같은 외래 식물이 우리나라 자연 생태계를 교란시키고 있어 환경부에서 유해 생물로 지정하고 있습니다. 이런 생물들이 본래 살고 있던 곳에서는 문제 되지 않았지만 우리나라라는 새로운 생태계에 유입되었기 때문에 천적이 없어 문제가 계속 심화되고 있습니다. 유전자 변형 식물에 대한 안전성이 완전히 검증되기 전까지는 재배나 사용이 금지되어야 할 것 같습니다.

사회자 ── 양측 의견 모두 잘 들었습니다. 유전자 변형 식품의 위험성, 현재까지는 나타나거나 발견되지는 않고 있습니다. 하지만 원래 없던 생물인 만큼 위험성도 가지고 있는 것 같습니다. 유전자 변형 식물이나 식품의 안전성이 명확히 검증될 때까지 지금처럼 주의하면서 사용해야 할 것 같습니다. 그럼 다음 주제로 넘어가 볼까요?

유전자 변형 생물, 인류의 문제를 해결할 최고의 발명품인가

사회자 — 유전공학 기술의 발전에 따라 온 인류는 함께 환호하기도 하였습니다. 1970년대 대장균 유전자 재조합 기술로 인한 인슐린의 대량생산은 당뇨병 환자에게는 하늘에서 내려온 빛이었을 것입니다. 또 가뭄과 제초제, 그리고 해충에 대한 내성을 가진 농작물의 개발로 인류는 빈곤에서 벗어날 것이라는 희망을 갖기도 하였습니다. 그러나 한편에서는 외국 회사에 대한 지나친 의존으로 식량 주권을 빼앗길 수 있다는 우려가 있습니다. 과연 유전자 변형 생물, 인류의 문제를 해결할 최고의 발명품일까요? 이에 대한 양측의 의견을 들어 보겠습니다.

이반대 — 최근 기후변화로 인한 사막화 증가로 농경지가 줄어들어 국가별로 기아 문제가 심해지고 있습니다. 이에 가뭄에 내성을 가진 유전자 변형 농산물이 정말 필요하리라 생각됩니다. 하지만 유전자 변형 농산물 개발 실태를 살펴보면 우려를 금할 수 없습니다. 유전자 변형 농작물을 개발한 회사는 다국적 기업인 M 사가 대표적입니다. 그런데 이 회사는 종자를 개량하거나 종묘 회사가 아닌, 어떻게 보면 그 반대인 제초제나 살충제를 만드는 회사입니다. 제초제나 살충제를 만드는 회사에서 유전자 변형 농작물을 개발한 까닭은 무엇 때문일까요? 혹시 회사에서 생산하는 농약을 많이 판매하기 위한 목적이 있는 것은 아닐까요? M 회사는 유전자 변형 농작물을 개발한 후 이익이 급속히 늘었습니다. 씨앗 판매량이 증가하는 것보다 제초제나 살충제 판매량이 더 많이 증가한 것이죠. 저는 제초제나 살충제를 판매하기 위해 유전자 변형 농작물을 개발했다고 생각합니다.

김찬성 ─── 방금 말씀하신 것처럼 급속히 이루어지는 사막화로 경작지가 줄고 있습니다. 일부 아프리카나 중앙아시아 지역에서는 몇 년 동안 계속된 가뭄으로 굶주리는 인구가 급증하고 있습니다. 가뭄은 하늘의 뜻이므로 그냥 두어야 할까요? 아닙니다. 가뭄에 내성을 가진 유전자 변형 밀, 옥수수 등이 해결책이 될 수 있습니다. 현재 개발된 밀이나 옥수수는 자연 상태 밀이나 옥수수보다 최대 30~50% 물을 절약할 수 있다고 합니다. 그리고 서아프리카에서 시작된 메뚜기 떼의 곡창지대 공습, 이런 현상이 중동은 물론 중국에까지 이르러 계산하기 힘든 손해를 끼치고 있습니다. 이때 해충에 내성을 가진 농작물이 있다면 그 피해를 최소화할 수 있을 것이라 생각합니다. 따라서 유전자 변형 농산물 인류의 기아 문제를 해결할 수 있는 최고의 발명품이라 생각합니다.

강반석 ─── 지금은 그렇게 보일 수 있습니다. M 사의 자료를 보면 유전자 변형 농산물 씨앗 판매량보다 농약 판매량이 급증하고 있음을 알 수 있습니다. 이익 또한 씨앗 판매보다는 농약 판매에서 훨씬 많음을 알 수 있습니다. 이 결과는 무엇을 말하고 있을까요? M 사의 씨앗을 사용하는 농부들의 이야기에 답이 있습니다. 처음에는 제초제도 쉽게 뿌리고 해충 걱정도 하지 않아서 수확량이 늘어 무척 좋았다고 합니다. 하지만 시간이 지날수록 제초제를 뿌려도 잡초가 죽지 않아 사용량을 늘리고, 해충도 내성이 생겨서인지 해충에 의한 피해도 점차 증가하고 있다고 합니다. 즉, 수확량을 늘리기 위해서는 M 사의 제초제를 사용해야 하므로, 수확량 증가로 인한 이익보다 제초제 사용으로 인한 지출이 증가하여 유전자 변형 농산물 재배 이전과 큰 차이가 없는 것이지요. 오히려 자연 상태의 농작물을 재배하고 싶어도 내성이 생긴 제초제와 해충 때문에 울며 겨자 먹기로 M 사의 씨앗과 농약을 사용할 수밖에 없습니다. 과연 유전자 변형 농산물은 인류의 기아 문제를 해결할 수 있는 최고의 발명품일까요? 다국적 기업의 배를 채워 주는 최고의 발명품일까요?

박찬수 — 분명한 것은 유전자 변형 농산물을 재배함으로 인하여 경작 범위가 넓어지고 수확량도 증가하고 있다는 것입니다. 동물을 보아도 그렇습니다. 열대지방은 말라리아로 인해 매년 많은 사람이 소중한 목숨을 잃고 있습니다. 그래서 과학자들이 유전공학 기술로 생식을 억제하는 모기를 만들어 내보냈더니 환자 수가 많이 줄었다고 합니다. 곧 장기 복제 등으로 인류는 모든 질병의 문제로부터 해방될 수 있을 것이라 생각합니다. 유전자 변형 생물은 최고의 발명품이 분명합니다.

이반대 — 생식을 억제하는 유전자를 지닌 모기, 정말 위험한 생각입니다. 말라리아라는 질병 측면에서 모기는 해충임에 분명합니다. 또 소중한 목숨을 구하기 위해서 이에 대한 극복이 필요합니다. 하지만 생태계 측면에서 보면 모기는 개구리나 도마뱀 같은 작은 양서류나

파충류에게는 매우 중요한 먹이가 됩니다. 말라리아 모기가 사라지면 개구리나 도마뱀은 무엇을 먹어야 할까요? 또 생식을 억제하는 유전자가 모기에만 한정될까요? 이것을 먹이로 하는 개구리나 도마뱀, 또 개구리나 도마뱀을 먹이로 하는 조류나 포유류, 최종적으로 우리 인간에게 생식 억제 유전자가 아무런 영향을 주지 않을까요? 생태계는 먹이사슬과 먹이그물로 이루어져 있습니다. 한 종의 생물에서 나타난 문제가 생태계 전체의 문제가 되지 않는다고 단정할 수 없습니다. 물론 여러 측면에서 연구가 필요하겠습니다만, 유전자 변형 생물은 결코 인류 최고의 발명품이 될 수 없습니다.

주제 3
유전자 변형 생물 이용, 윤리적인 문제는 없는가

사회자 — 지금까지 토론을 살펴보면 결국은 윤리적인 문제에 도달하게 되는군요. 유전공학, 유전자 변형에서 늘 제기되었던 문제는 윤리적인 문제였습니다. 인간 배아를 이용한 실험, 질병 연구를 위한 동물 복제나 동물 실험, 과연 무엇이 문제인가요?

김찬성 — 물론 유전자 변형 생물 연구에서 윤리적인 측면의 문제를 제기하는 것은 타당하다고 생각합니다. 하지만 연구를 위해 누군가의 희생은 필요합니다. 과학자들이 인류를 위한 질병을 연구하는 데 인간을 대상으로 실험할 수는 없습니다. 하지만 실험은 해야 하므로 동물을 이용하는 것이죠. 그리고 실험에 이용된 동물들은 법에서 정해진 기준과 절차에 따라 잘 처리하고 있습니다.

이반대 — 질병 극복을 위한 연구, 물론 필요합니다. 하지만 한 생명을 살리기 위해 다른 생명을 희생시킨다면 어떤 의미가 있을까요? 얼마 전 돼지를 이용한 장기 복제와 이식에 대한 연구가 많이 진행되어 머지않아 실제적으로 이용할 수 있을 것이라는 뉴스를 들은 적이 있습니다. 그러나 지구상에서 얼마나 많은 사람이 이용할 수 있을까요? 장기 이식 비용은 일반인이 부담하기에는 너무나 높은 금액이었습니다. 극소수의 사람을 위해 다른 생명이 희생된다는 것에 반대합니다.

강반석 — 최근 세계적인 팬데믹까지 이끈 코로나바이러스감염증-19, 메르스, 조류독감을 예로 들겠습니다. 이들 바이러스가 자연 상태의 동물에게 있을 때는 문제가 없었습니다. 그런데 야생 동물과 인간 접촉이 늘면서 동물에게만 있던 전염병이 사람에게까지 전염되는 인수 공통 전염병이 되고 말았습니다. 에볼라나 에이즈 바이러스 또한 마찬가지입니다. 돼지를 이용해 장기를 복제하여 인간에게 이식한다고요? 매년 소나 돼지 등 가축에서 발생하는 구제역이 아직까지 인간에게 전염된다는 결과는 없었습니다. 하지만 돼지를 통해 복제한 장기가 인간의 몸속으로 들어온다면 어떤 일이 발생할까요? 복제 장기에는 분명히 돼지의 유전자가 있을 것입니다. 즉, 지금은 돼지나 소에게서만 발생하는 구제역 같은 질병이 인간에게 옮겨 올 수 있다는 것입니다. 그래서 유전자 변형 생물을 이용하는 것은 동물 복지, 생명 존중 등 윤리적인 문제와 함께 인수 공통 전염병의 확산이라는 측면에서도 이용이 제한되어야 합니다.

사회자 — 네, 아쉽지만 시간이 다 되어 마무리해야 할 것 같습니다. 유전자 변형 생물은 질병 극복, 식량 증산을 통한 기아 문제 해결과 같은 긍정적인 측면과 생태계 안정성 파괴, 건강상의 해로움과 같은 측면에서 논란이 끊이지 않고 있습니다. 그리고 지금까지 신의 영역이라 생각하고 있는 새로운 생물체의 제작과 같은 윤리적인 문제도 좀 더 생각해 보아야 할 것입니다. 오늘 토론에 참여해 주신 분들께 깊은 감사의 인사를 드립니다.

세포 융합으로 만들어진 포마토

포마토pomato는 가지과의 한 종류인 토마토와 감자 세포를 그대로 합치는 '세포 융합' 방식으로 만들어진 새로운 식물입니다. 1980년대 유전공학이 최첨단 과학 분야로 떠오를 무렵 등장한 것이 바로 지구상에 존재하지 않았던 포마토입니다. 말 그대로 포마토는 감자potato와 토마토tomato의 합성어입니다. 즉, 열매가 달리는 지상부에는 토마토가 달리고 지하부에는 감자가 달린 식물입니다. 식물 한 그루에 토마토와 감자가 동시에 열리는 식물의 개발은 그 당시 엄청난 뉴스였습니다. 바로 감자와 토마토를 동시에 수확한다는 것은 소득이 두 배로 증가할 뿐만 아니라 인류의 식량문제도 해결해 줄 것이라는 희망을 주었기 때문입니다.

그런데 이 포마토는 슬그머니 세상에서 자취를 감추고 관상용으로 감자와 토마토를 접붙여 재배하는 정도로 남아 있습니다. 등장과 함께 온 세상을 떠들썩하게 했던 포마토가 사람들에게 잊힌 이유는 간단합니다. 수확한 토마토와 감자가 따로 재배했을 때보다 크기가 현저히 작고 맛도 매우 없어서 경제성이 낮았기 때문입니다. 앞서 언급했던 딸기는 유전자 재조합 기술로 나왔기 때문에 추위에 강하면서도 딸기 본래의 특성을 그대로 유지한 반면, 포마토는 유전자 재조합이 아닌 세포 융합으로 만들어졌기 때문입니다.

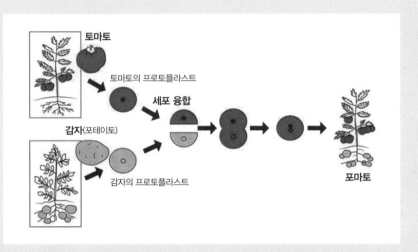

토마토

토마토의 프로토플라스트

세포 융합

감자(포테이토)

감자의 프로토플라스트

포마토

▲ 세포 융합으로 포마토를 만들어 내는 방법

　세포 융합은 유전자 재조합과는 전혀 관계가 없는 기술로, 말 그대로 두 개의 세포를 합쳐서 하나로 만든 것입니다. 감자와 토마토에서 세포를 각각 한 개씩 추출한 다음 세포벽을 제거하고 세포막에 폴리에틸렌글리콜이라는 물질을 처리하여 두 세포를 하나로 합치는 기술을 말합니다. 두 세포를 합치게 되면 하나의 세포에 감자 세포핵과 토마토 세포핵이 각각 존재하게 됩니다. 이때 두 핵이 하나로 합쳐지는 핵융합 과정이 일어나는데 두 식물 정보를 온전히 담은 유전자가 존재하기 때문에 성장하면서 감자와 토마토 특성을 모두 가진 새로운 식물인 포마토가 탄생하게 됩니다. 이렇게 합쳐진 세포핵 속에는 토마토와 감자의 염색체가 각각 들어 있으므로 원래보다 염색체 수가 두 배로 되어 전혀 다른 식물이 되는 것입니다. 일반적으로 두 식물을 핵융합하면 염색체 수 이상으로 죽게 되는데 감자와 토마토는 모두 가지과 식물이었기 가능했다고 볼 수 있습니다.

GMO, 사용해도 되는가

1. 다음 유전자 변형 생물에 대한 토론 내용을 보고, 각 주장에 관한 근거를 정리해 적어 보세요.

GMO, 사용해도 되는가?		
유전자 변형 생물, 안전한가?	유전자 변형 농산물을 이용한 식품은 매우 안전하고 아무런 문제가 없다. 근거 :	유전자 수준에서 변이가 나타날 수 있으므로 문제는 더 지켜보아야 한다. 근거 :
유전자 변형 생물, 인류의 문제를 해결할 최고의 발명품인가?	유전자 변형 농산물을 재배함으로써 경작 범위가 넓어지고 수확량도 증가하고 있다. 근거 :	유전자 변형 농산물은 식량증산을 위해 개발되지는 않았다. 근거 :
유전자 변형 생물 이용, 윤리적인 문제는 없는가?	질병 극복을 연구하기 위해서는 동물의 이용이 필요하다. 근거 :	과한 생명을 살리기 위해 다른 생명을 희생시킨다면 큰 의미가 없다. 근거 :

2. 유전자 변형 생물의 개발과 이용에 관한 자신의 생각을 적어 보세요.

▲ **르누아르**(1841~1919년), 「**딸기**」, **1905년경.** 1900년대부터 남프랑스의 미디 지역에서 살기 시작한 르누아르가 그린 그림으로, 빛의 진동과 생명력이 느껴지는 정물화이다. 그런데 겨울 과일로 익숙한 그림 속 딸기는 원래 여름 과일이었다는 사실!

· 쟁점 9 ·

에너지 위기

— 에너지 위기를 어떻게 극복할 것인가

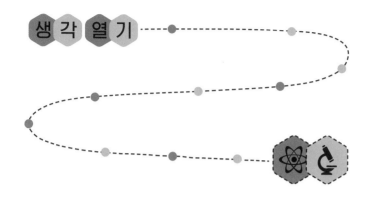

2003년 8월, 아메리카 대륙 동부지역에서 최악의 블랙아 웃[1] 사고가 발생했습니다. 초고전압의 송전선로에 나무가 쓰러 지면서 누전을 일으켰기 때문이지요. 처음에는 일부 지역만 정 전이 발생했지만, 빠르게 대처하지 못했습니다. 정전은 결국 확 산되었으며, 3일간 미국 동부 지역 전체를 멈춰 세우게 되었습니 다. 이로 인해 미국의 뉴욕부터 캐나다의 토론토에 이르기까지 약 5,500만 명의 시민이 피해를 보았습니다. 사람들이 엘리베이 터에 갇혔고, 신호등과 같은 교통 시스템도 마비되었습니다.

우리나라도 2011년 9월 15일, 전국적인 블랙아웃이 발생 한 적이 있습니다. 당시 전력 사용량이 늘어나면서 심각한 전 력 부족 상황이 우려되었습니다. 다행히 한국전력거래소가 전 국 각 지역의 전기를 순서대로 차단했고, 큰 사고로 번지는 것 을 겨우 막을 수 있었습니다. 그러나 그 이후에도 몇 년에 한 번 씩 작은 블랙아웃 사고가 빈번하게 발생하고 있습니다.

[1] 일시적으로 전기수요가 폭발 해 공급능력을 뛰어넘을 때 발생하는 전체적인 동시 정 전 상태를 말한다. 국가적으 로 전력 공급이 순조롭다고 하더라도 한 지역에서 블랙 아웃이 발생하면 전력공급망 은 연쇄적으로 마비된다. 주 로 냉난방 수요가 폭증하는 여름이나 겨울에 발생한다.

▲ 2003년 8월 미국 동부에서 벌어진 대정전 현장　　　　© Wikipedia

　　2021년 2월, 미국 텍사스주를 강타한 강한 추위로 인하여 수일간 정전 사태가 발생했습니다. 이 지역은 미국에서 가장 더운 곳으로서 겨울 휴가지로 유명한 곳이라 더욱 충격적이었는데요. 수일간 대규모 정전이 이어지고 식수 공급이 끊어지는 등 심각한 혼란에 빠졌습니다. 그 원인은 기후변화가 초래한 이상기후라고 알려져 있습니다.

　　이런 블랙아웃의 원인은 매우 복잡합니다. '자연 재해', '우연치 않은 사고'가 원인이 될 수도 있습니다. 그러나 근본적인 이유는 에너지(전기)가 부족하기 때문입니다. 우리나라는 지난

교과서 토론 | 과학

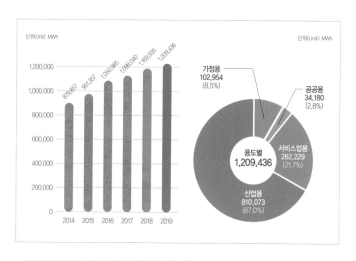

단위(Unit): MWh

단위(Unit): MWh

가정용
102,954
(8.5%)

공공용
34,180
(2.8%)

용도별
1,209,436

서비스업용
262,229
(21.7%)

산업용
810,073
(67.0%)

▲ 우리나라의 연도별 전력 사용량은 꾸준히 늘어나고 있다.

출처: 예산통계

60여 년간 도시화, 산업화가 진행되면서 꾸준히 전기 사용량이 증가해 왔습니다.

세계의 에너지 사용량도 가파르게 증가하고 있습니다. 세계 전력 소비량은 꾸준히 증가하는 추세이고, 특히 우리나라가 속한 아시아의 에너지 소비량이 가장 큰 폭으로 늘어나고 있습니다. 이는 중국과 우리나라를 포함한 아시아의 급격한 성장과 관련이 있습니다. 중국을 비롯한 아시아 신흥국이 전 세계의 공장과도 같은 역할을 하면서, 에너지 사용량이 가파르게 증가했기 때문이지요. 특히 14억 인구를 가진 중국의 경제 발전은 에너지 수요를 가파르게 끌어올리는 중입니다. 소득 수준이 높아진 중국인들이 더 많은 에너지를 사용하기 시작했기 때문이죠.

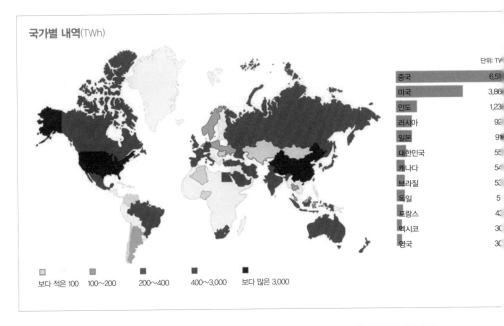

국가별 내역(TWh)

단위: TW

중국	6,51
미국	3,86
인도	1,23
러시아	92
일본	91
대한민국	55
캐나다	54
브라질	53
독일	5
프랑스	4:
멕시코	30
영국	30

보다 적은 100　　100~200　　200~400　　400~3,000　　보다 많은 3,000

▲ 세계 전력 사용량은 국가별 차이가 크다. 아프리카 쪽은 상대적으로 매우 적은 것을 볼 수 있다.

출처: 세계 에너지 통계 2021

　　이러한 이유 때문에, 세계는 앞으로 블랙아웃과 같은 위험 상황을 맞을 가능성이 크게 높아지고 있습니다. 물론 늘어나는 수요에 맞추어, 에너지 생산량을 늘리면 된다고 주장할 수도 있습니다. 그러나 현재로서는 공급이 수요를 따라가기 쉽지 않아 에너지 위기라고 강조하기도 합니다.

　　그런데 대체 무엇 때문에 '위기'라고 부르는 것일까요? 크게 두 가지 이유를 들 수 있습니다. 우선, 우리가 사용할 수 있는 화석 연료가 줄어들고 있다는 점입니다. 현재 전 세계 전기

생산은 화석 연료(석탄, 석유 등)에 크게 의존하고 있습니다. 앞으로 화석 연료가 고갈된다면, 어떤 에너지로 대체할 수 있을지 진지하게 고민해야 할 시기입니다.

또 하나의 이유는 화석 연료의 무분별한 사용으로 인해, 환경이 파괴되고 있다는 점입니다. 화석 연료의 남용은 심각한 기후변화를 초래했습니다. 지구 평균 기온이 올라가면서 지구 온난화 문제가 매우 심각하게 대두되고 있습니다. 예를 들어, 남태평양의 투발루는 해수면 상승으로 국토 전체가 물에 잠겨 사라질 위기에 처했습니다. 또 전 세계 곳곳에 심각한 가뭄과 슈퍼 태풍이 등장하는 등 날로 변덕스러워지는 기후로 인해 지구 전체는 몸살을 앓고 있습니다.

이제 에너지 문제를 심각한 위험 상황으로 인식할 필요가 있습니다.

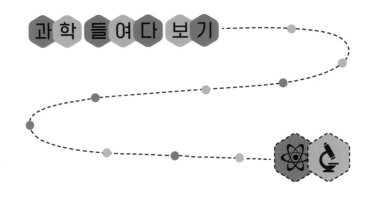

과학 들여다보기

옥스팜은 세계적으로 활동하는 국제구호개발기구로서, 국내에서는 옥스팜 코리아가 활동하고 있다. 옥스팜은 가난이 없는, 공정한 세상을 만드는 것을 목표로 인도주의적 긴급구호활동, 국제개발활동, 캠페인 및 옹호활동 등을 하고 있다.

스웨덴에 있으며, 환경 및 개발 문제를 연구하는 국제 비영리 연구기관이다. 모두를 위한 지속 가능한 미래가 비전이며, 의사결정을 지지하고 환경과 개발 분야에서 과학과 정책을 잇는 통합적 지식을 제공함으로써 세계를 둘러싼 지속 가능한 변화를 유도하는 것을 목표로 하고 있다.

부자 나라와 가난한 나라가 배출한 온실가스의 차이는 얼마나 클까요?

2020년 9월, 옥스팜(국제구호개발기구)[2]과 스톡홀름환경연구원[3](스웨덴)은 공동 보고서를 발표했습니다. 이 보고서를 통해 지난 25년간 전 세계 최상위 1% 부유층이 배출한 탄소량이, 하위 50%가 배출한 탄소량의 2배가 넘는다는 사실이 드러났습니다.

이들은 1990년 이후 전 세계 인구의 사회·경제적 격차에 따른 탄소 배출량 차이를 분석했는데요. 상위 부자 10%가 배출한 탄소량은 하위 50%가 배출한 양의 7배가 넘었습니다. 국가별로 보면, 최상위 1% 배출량의 3분의 1은 미국이었고, 18%는 중동 국가, 14%는 중국이었습니다. 이 보고서는 세계 빈부 격차가 에너지 문제에서도 예외가 없다는 점을 보여 주었습니다.

2018년 미국 스탠퍼드 대학교의 연구 보고서의 내용인데요. 지구온난화로 인해 가난한 나라가 더욱 가난해졌다는 것이었습니다. 예를 들어, 인도의 경우 기온이 상승하면 기온 상승이 없을 때보다 1인당 국내총생산GDP이 31% 낮아진 것으로 조사되었습니다. 차드, 베네수엘라, 나이지리아 등 아프리카의 다른 나라들도 GDP가 각각 39%, 32%, 29%로 낮아진다고 합니다.

우리나라는 더운 여름과 추운 겨울에도 언제나 냉·난방기를 사용하여 변화에 쉽게 적응할 수가 있지요. 비록 전기 사용량이 늘어날지라도, 비교적 값싸고 안정적으로 전기를 사용할 수 있습니다. e‑나라지표의 통계에 따르면, 우리 국민은 현재 1인당 연간 10,000kWh 정도의 전기를 사용하고 있습니다.

1인당 전력 소비량

▲ 우리나라의 연도별 1인당 전력 소비량은 꾸준히 증가하고 있다.　　출처: e‑나라지표

반면, 세계 꼴찌 수준의 팔레스타인 가자지구 사람들은 1년에 1인당 고작 1kWh의 전기를 사용하고 있다고 합니다. 우리나라와는 무려 10,000배나 차이가 나지요. 만약 우리가 그들 입장이 된다면, 과연 인간적인 삶을 살 수 있을지 궁금해집니다.

에너지는 여러 방식으로 존재하는데, 그중 전기에너지를 가장 많이 사용하고 있습니다. 가난한 나라에서는 발전소를 건설하거나, 운영할 기술과 자원을 갖지 못한 경우가 많습니다. 대도시와 시골의 격차도 아주 큰 편이고요. 우리나라처럼 어느 곳이든 전기를 사용할 수 있는 상황과는 전혀 다릅니다. 따라서 그런 곳에서는 여전히 나무 또는 건조한 동물 배설물을 태워서 에너지로 이용합니다. 하지만 기후변화와 자연환경 파괴로 인해 그것마저도 구하기 힘든 경우가 많다고 합니다.

지금까지 전기에너지를 생산하는 데 필수적인 화석 연료는 매장된 지역이 제한적이어서 몇몇 국가가 독점하고 있습니다. 물론 부자 국가는 생산국에 돈을 지불하고 구입하여 사용하면 되지만, 가난한 나라 입장에서는 이것마저도 어려운 현실입니다. 아프리카는 오랜 식민 지배로 인해 스스로 발전할 수 있는 기회조차 박탈되었습니다. 따라서 에너지 불평등 문제는 경제적으로 전 세계가 연결되어 있는 지금, 세계시민적 관점에서 해결할 필요가 있습니다.

1990년, 이라크는 석유 자원을 확보하기 위해 쿠웨이트를 침공했습니다. 당시 이라크의 대통령이었던 사담 후세인은 쿠

웨이트의 석유를 탐냈습니다. 이라크도 석유를 생산하는 산유
국이었지만, 쿠웨이트 석유까지 확보할 수 있다면 더 큰 권력
을 휘두를 수 있다고 생각한 것이지요. 이 전쟁을 걸프 전쟁[4]이
라고 합니다.

이라크는 쿠웨이트에서 철수하면서 수많은 유전 시설을 파
괴했습니다. 700개 이상의 유전이 피해를 입었지요. 이 가운데
600여 개 이상의 유전에서 화재가 발생했고, 유전에서는 수개
월간 불이 꺼지지 않았습니다. 또 유독성의 검은 연기가 심각
한 대기오염을 유발했지요. 특히 유출된 기름이 1,000km가 넘
는 해안선을 뒤덮어 바다와 해양생물에 심각한 피해를 주기도
했습니다.

걸프 전쟁은 당시 가장 중요한 에너지 자원인 석유를 두고
벌어진 최초의 전쟁이었습니다. 그러나 그 이후에도 중동 지역
을 둘러싸고 크고 작은 전쟁이 끊이지 않고 있습니다.

피크오일 이론peak oil theory[5]에 따르면 머지않은 미래에 석유 생
산 능력은 한계에 도달할 것으로 예상되고 있습니다. 석유 광
구가 메마르게 되면서 석유 시대는 내리막길을 걸을 것이라는
뜻이죠. 이로써 18세기부터 화석 연료를 주요 에너지원으로 삼
았던 산업혁명의 시대는 막을 내릴 것으로 예상되고 있습니다.
더불어 최근 세계적으로 일고 있는 제4차 산업혁명은 석유 시
대가 끝나고, 태양광, 풍력 등 새로운 에너지원이 등장할 것임
을 예고하고 있습니다.

미국 주도의 34개국 다국적
연합군 병력에 의해 수행된
전쟁으로, 이라크의 쿠웨이트
침공 및 병합에 반대하면서
일어났다. 1990년 8월 2일부
터 1991년 1월 17일까지의 기
간을 '사막 보호 작전'이라고
부르는데, 이 기간 미국 정부
는 사우디아라비아를 방어하
고 다국적 연합군을 편성하
였다. 1991년 1월 17일부터 종
전까지를 '사막의 폭풍 작전'
이라 불렀고, 이 기간에 다국
적 연합군이 참전했다. 이라
크군이 1990년 8월 2일에
시작한 쿠웨이트 점령은 국
제적 비난을 불러일으켰으며,
유엔 안보리에 의해 즉각적
인 이라크 제재를 유발했다.

1956년 미국의 지질학자 킹
허버트가 처음 제기한 개념
이다. 석유 생산량이 급속도
로 증가하다가 어느 시점에
이르러 더 이상 증가하지 않
고 점점 감소하는 것을 일컫
는다. 허버트는 석유 생산량
그래프가 종의 형태를 나타
낼 것으로 예측했는데 이는
1971년 미국의 석유 생산량
이 피크오일에 달했을 때 그
대로 증명되었다.

▲ 걸프 전쟁으로 여러 개의 유전이 불타고 있는 모습 ⓒ https://veterans.nv.gov

　그럼에도 세계 석유 생산의 40% 정도를 차지하는 석유수출국기구OPEC 산유국은 세계 시장에서 자신들의 영향력을 꾸준히 행사하기 위해 끊임없이 로비를 펼치고 있습니다. 유가가 떨어지면 생산량을 줄이고, 유가가 올라가면 생산량을 늘리는 식으로 대응하고 있지요. 이런 석유 자원을 둘러싼 권력 경쟁은 에너지 불평등을 더욱 심화시키는 원인이기도 합니다.

　그러던 중 미국에서 셰일 오일이 생산되면서, 상황은 많이 달라지고 있습니다. 미국은 셰일층에 매장된 석유를 많이 보유하고 있는데, 그동안 시추 비용이 크기 때문에 생산하지 못하고 있었습니다. 그러나 신기술이 개발되고 석유 가격이 크게

오르면서, 셰일층에서 석유를 생산할 수 있게 되었지요. 미국이 생산한 셰일 오일이 등장하면서, 중동 석유수출국기구의 석유 권력은 많이 약해지고 있습니다. 그 권력을 미국과 나눠 가지게 된 것이지요.

그동안 석유 시장의 패권을 장악하고 있던 세계 최대의 산유국 사우디아라비아는 고민이 이만저만이 아닙니다. 생산량을 줄이면 시장 점유율이 낮아지므로 돈을 많이 벌지 못하게 되지요. 반면에 가격을 올리면 미국 셰일 오일의 경쟁력이 올라가기 때문에 무한정 가격을 올릴 수도 없는 딜레마에 빠져 버렸습니다.

이러한 분위기를 틈타 미국은 유럽과 연합하여 미래 에너지원을 발굴하고 전폭적인 투자와 연구를 실행 중입니다. 트럼프 대통령이 '파리기후변화협약(파리협정)'[6]에서 탈퇴하면서, 잠시 미래 에너지 정책에 제동이 걸리기도 했습니다. 그러나 새로 당선된 바이든 대통령은 2021년 1월 21일 '파리기후변화협약'에 다시 가입함으로써, 미래 에너지 사업은 다시금 탄력을 받게 되었습니다.

유럽 정치권에서는 녹색당이 새롭게 부상하고 있습니다. 2020년 프랑스 지방선거에서 녹색당 출신의 시장 후보들이 대거 당선되었지요. 또 독일, 오스트리아, 아일랜드 등에서는 녹색당이 정권을 잡은 당과 연합하여 연립정부를 구성하기도 했습니다. 녹색당은 연 평균 배출가스의 큰 폭 감축, 대중교통 인

2015년 유엔기후변화협약에서 채택된 조약이다. 2015년 12월 12일 채택되었고, 2016년 11월 4일부터 포괄적으로 적용되는 국제법으로서 효력이 발효되었다. 회의 주최자 프랑스의 외무장관 로랑 파비우스는 '야심차고 균형 잡힌' 이 계획이 지구온난화에 있어서 '역사적 전환점'이라고 하였다.

프라 확대, 화석 연료 사용 자동차의 퇴출, 전기차 보급의 확대 등을 주장하고 있으며, 관련 법령을 빠르게 마련하고 있습니다. 이렇게 녹색당은 기후변화를 막기 위해 질주하고 있습니다.

우리나라 정부도 미국, 유럽과 흐름을 같이하기 시작했는데요. 2020년 '그린뉴딜 시대'의 출발과 함께 탄소 중립을 선언했습니다. 도시·공간·생활 인프라의 녹색 전환, 저탄소·분산형 에너지 확산, 녹색산업 혁신 생태계 구축 등을 목표로 삼고 있습니다. 전기차, 수소차를 확대하고 온실가스 감축을 위한 정책을 추친하게 되었지요. 또 화석 연료를 대신하여 태양광, 풍력 등으로 에너지원을 전환하기 시작했습니다.

에너지 위기를 어떻게
극복할 것인가

급격한 기후변화가 시작되는 순간을 '티핑포인트[7]'라고 한다. 최근 과학자들은 지구온난화가 곧 티핑포인트를 맞을 거라고 경고하고 있다. 만약 그렇게 된다면 지구의 자연생태계는 균형이 깨지면서 급격한 변화를 겪고, 돌이킬 수 없는 파국을 맞게 될 것이다.

이러한 기후변화의 주된 원인은 바로 이산화탄소를 발생시키는 화석 연료라고 할 수 있다. 200여 년간 화석 연료에 의존했던 인류는 이제 새로운 에너지원을 찾기 위해 노력해야 하는 처지가 되었다. 석탄, 석유와 같은 화석 연료는 고갈될 위기에 놓였으며, 극심한 환경 변화를 막기 위해서라도 점차 사용량을 줄여야 하기 때문이다.

심각한 기후변화를 막기 위해서는 화석 연료의 사용을 반드시 줄여야 한다. 반면, 꾸준히 늘어나는 에너지 수요 때문에 화석 연료 사용을 급격하게 줄일 수는 없는 역설적인 상황이다.

따라서 우리는 지금을 위기 상황으로 인식하고, 화석 연료

시카고 대학교 교수 그로진스Morton Grodzins가 1957년 '화이트 플라이트' 연구에서 처음 사용한 용어이다. 단어 그대로의 의미는 '갑자기 뒤집히는 점'이라는 뜻으로, 어떠한 현상이 서서히 진행되다가 작은 요인으로 한순간 폭발하는 것을 말한다. '티핑포인트'가 발생하면, 그 이후 급격한 변화가 나타난다.

를 대체할 에너지원을 모색해 보아야 한다.

사회자 — 오늘 이런 위기의 해법을 제시할 몇몇 전문가를 모시고, 주요 쟁점에 대한 토론을 진행하려고 합니다. 오늘 참석자를 소개하겠습니다. 국제석유협회 만수르 회장님, 미래에너지연구원의 정말로 박사님, 글로벌환경연구소 나자연 소장님, 녹색기후당이 최고로 의원님께서 참석해 주셨습니다.

주제 1
과연 석유 없는 세상이 올까

사회자 — 석유를 연료로 전 세계는 놀라운 성장을 이룩했습니다. 150년 만에 세계 인구는 2배를 넘어 3배로 증가했습니다. 식량 생산량도 폭발적으로 증가했고, 세계 무역도 늘었습니다. 과거 석유는 이렇게 인류가 번영하고 발전하는 데 큰 기여를 했습니다. 그러나 앞으로 석유가 고갈된다면 어떤 일이 벌어지게 될까요? 또 우리는 어떤 대비를 해야 할까요? 각 분야 전문가의 의견을 들어 보도록 하겠습니다.

만수르 — 석유는 유한한 자원입니다. 우리는 그런 희소성을 이용하여 유가를 조절해 왔습니다. 석유 생산과 유가를 조절하여, 세계 물가를 결정해 왔죠. 생산되는 모든 공산품에는 석유 비용이 포함되어 있습니다. 재료를 운반할 때 사용하는 연료, 의류의 원단, 플라스틱 포장재의 재료, 전기 요금 등이 모두 석유로부터 유래하는 것들이죠. 이미 우리 삶 속에 석유가 깊숙이 파고들어 있기 때문에 석유로부터 벗어난다는 것은 상상할 수 없는 일이죠. 그러나 역설적으로 석유의 희소성 때문에, 인류는 끊임없이 새로운 에너지원을 발굴해 왔습니다. 우리 석유협회는 그동안 그런 노력을 방해하기도 했지만, 거스를 수 없는 물결이 되었습니다. 사실 석유 생산 기술이 발전하면서, 아직도 100년은 더 사용할 정도의 석유가 남아 있습니다. 그러나 탈석유화 움직임을 막기에는 지금 변화의 물결이 너무 강력합니다. 저는 석유의 종말을 원하지 않지만, 결국 석유가 없는 세상을 준비해야 한다고 생각합니다. 기후변화를 막겠다는 것은 어떻게 보면 단지 명분에 지나지 않습니다. 태양광 기술, 2차전지 기술의 가격이 저렴해졌고, 이제는 돈이 되기 때문에 하나의 거대한 흐름이 되었으며, 결국 탈석유화를 불러올 것입니다.

나자연 — 만수르 님께서 너무 솔직하게 말씀해 주시니 감사합니다. 석유 패권을 고수하고 혁신을 추구하지 않았기 때문에, 중동 국가들은 미래가 불투명하다고 볼 수도 있겠네요. 그동안 확보한 국부를 통해 지금부터라도 새로운 에너지원에 투자를 해야 하지 않을까요? 그동안 대형화, 중앙집권화, 권력화되었던 석유산업은 결국 막을 내리게 될 것입니다. 새롭게 도래한 태양광, 전기자동차, 자율주행차의 파괴적인 기술력과 경쟁할 수 없을 것입니다. 실리콘밸리를 중심으로 탄생한 혁신적인 비즈니스 모델은 결국 승리할 것으로 보입니다. 또 유럽을 중심으로 녹색당이 정권을 잡으면서, 친환경 에너지 산업을 육성할 큰 기회를 얻었습니다. 정치 세력이 친환경화되었으니, 탈석유화는 불 보듯 뻔한 일입니다.

최고로 ── 정치권에 있는 저도 그 부분에 적극 동의합니다. 우리나라도 2020년 전국의 시·도교육감이 모여 미래 환경교육 어젠다를 논의했는데요. 저도 교육위원회 소속 국회의원 자격으로 참관을 했습니다. 지금의 기후변화 위기를 해결하기 위해서는 환경 교육을 강화해야 한다는 데 모든 교육감이 공감했습니다. 이에 더해 환경부도 2021년 제3차 환경교육종합계획(5개년 계획)을 발표했지요. 석유로부터 생산되는 플라스틱 소재의 사용을 줄이고, 재활용을 강화하는 방향도 논의가 되었습니다. 탄소 배출을 줄이기 위해 석유 사용을 줄이는 일이 궁극의 목표가 될 것 같습니다.

정말로 ── 저희 연구원도 탄소 배출을 줄이는 기술 개발에 한창입니다. 이산화탄소 저감 기술이라고도 하는데요. 이 기술은 이산화탄소를 모으고 저장하는 기술이 대표적입니다. 공장이나 발전소에서 발생하는 이산화탄소를 포집한 후에 고갈된 가스전, 유전, 석탄층 등에 저장하는 기술입니다. 이산화탄소가 나온 곳에 되돌려 놓자는 발상인 것이죠. 하지만 석유에서 발생한 이산화탄소량에 비해 저장하는 양의 비율은 턱없이 낮습니다. 그래도 이 기술이 탄소 배출 총량을 줄이는 데 큰 기여를 할 것으로 기대하고 있습니다. 저도 근본적으로는 탈석유화가 중요하다고 생각합니다. 플라스틱을 대체할 재료를 발견하는 연구도 계속되어야 합니다. 포장 재료의 플라스틱 사용을 줄이고, 로컬 경제도 활성화하여야 합니다.

나자연 — 네, 좋은 의견입니다. 로컬 경제 활성화는 포장 용기의 사용을 줄이는 획기적인 대안입니다. 생산물이 소비자에게 도달하는 유통 과정을 줄이고, 가능한 한 그 지역의 농산물을 바로 소비하도록 함으로써, 유통 과정에서 발생하는 탄소 배출을 줄이자는 발상인 것이죠. 로컬 소비가 곧 환경을 살리는 녹색 소비라는 인식을 확산할 필요가 있습니다. 이미 저희 단체는 교육부와 함께 마을교육공동체를 결성하여 시범사업을 추진하고 있습니다. 이미 세종 지역 학교에는 이런 지역 농산물이 급식 재료로 사용되고 있습니다. 앞으로 로컬 경제를 활성화하여, 탈석유화에 일조하고자 합니다.

사회자 — 각자 조금씩 입장은 다르지만, 모두 석유 없는 세상이 올 것으로 예상하고 계시군요. 그러나 석유를 대체할 소재 개발, 에너지원의 개발 등이 뒷받침되지 않는다면, 석유가 없는 세상은 에너지 부족 등 또 다른 위기를 낳을 수 있습니다. 셰일가스 등 원유 채굴 기술을 개발하여 충분히 더 사용해 보아야 할 것입니다. 그럼 다음 주제로 넘어가 보겠습니다.

주제 2

원자력 발전은 지속 가능할까

사회자 — 원자력 에너지는 화력 발전에 비해 공해가 적으며, 수력 발전소 건설로 인한 자연환경 파괴 등의 문제가 없습니다. 매우 적은 양의 우라늄을 사용하기 때문에, 발전 효율이 극도로 높은 등 장점

이 많습니다. 반면에 체르노빌, 후쿠시마 원자력 발전소 파괴로 인한 인명 피해가 크고, 지금까지도 주변 땅은 방사능에 오염되어 몸살을 앓고 있습니다. 과연 원자력 발전은 화석 연료를 대체할 수 있는 에너지원이 될 수 있을까요? 전문가님들의 의견을 들어 보도록 하겠습니다.

모든 질량은 그에 상응하는 에너지를 가지고 있으며, 반대로 에너지도 그에 상응하는 질량을 가진다. 1905년 아인슈타인이 발표하였으며, 특수상대성 이론에서 질량-에너지 등가 관계식으로 나타냈다.

정말로 —— 우라늄이나 다른 방사성 동위 원소는 원자들이 쪼개질 때 질량의 일부가 에너지로 바뀝니다. 원자가 분열을 시작하면 연쇄 반응을 일으키기 때문에 점점 더 많은 원자로부터 에너지가 발생합니다. 아인슈타인의 질량-에너지 등가 원리[8]로 계산하면, 극소량의 질량만 가지고도 엄청난 양의 에너지를 생산할 수 있는 장점이 있습니다. 아인슈타인의 위대한 발견으로 시작된 원자력 발전을 안 한다는 것은 있을 수 없는 이야기입니다.

나자연 —— 그러나 후쿠시마 원자력 발전소 붕괴 사건은 우리에게 큰 교훈을 줍니다. 원자력 발전소가 파괴되면 이토록 위험할 수 있다는 일종의 경고인 셈이죠. 물론 파괴되지 않는다면, 큰 공해를 일으키지 않는다고 주장할 수도 있겠지만, 한번 사고가 나면 너무나 큰 인명 피해와 환경오염으로 이어지기 때문에, 애초에 이런 위험한 발전 방식을 채택하면 안 된다고 생각합니다. 방사능은 반감기[9]가 매우 길기 때문에, 한번 유출되면 수천 년 동안 주변에 남아 생태계에 치명적인 영향을 줍니다.

어떤 양이 초깃값의 절반이 되는 데 걸리는 시간을 말한다. 반감기가 길수록 물질의 양이 절반으로 줄어드는 데 걸리는 시간이 오래 걸린다. 방사능 물질은 반감기가 길기 때문에 쉽게 사라지지 않는 것이다.

만수르 —— 우리나라도 석유 고갈에 대한 대비를 하고 있습니다. 지구상에 유한한 물질이기 때문이죠. 그 밖의 다른 자원이 부족한 상황에서 우리나라는 가장 에너지 효율이 높은 원자력 발전에 대해 매우 긍정적인 기대를 하고 있습니다. 이미 한국의 원전 건설 기술과 운영 노하우를 이전받아 원자로 3기를 건설하고 있습니다. 만약 한국이 원자력 발전을 그만둔다면, 그동안 연구 개발에 투자했던 자금을 모두 버리는 꼴이 되는 것 아닙니까. 앞으로 원자력 발전은 잠수함, 우주선 등 다양한 곳으로 응용 가능하기 때문에 꾸준히 연구되어야 한다고 생각합니다.

최고로 —— 하지만 원자력 발전소가 평상시에 냉각수를 방류하는 과정에 대한 모니터링을 실시한 적이 있는데요. 원자력 발전소 근처 물에서 꽤 높은 수준의 방사능이 검출되었습니다. 또 감사 결과, 방사능 오염물에 대한 관리가 원칙대로 되지 않은 사례가 적발되었습니다. 관리를 철저히 하지 않는 모습은 지금도 관찰되고 있으니, 매우 심각한 문제라고 할 수 있습니다. 아무리 뛰어난 아인슈타인의 업적일지라도, 인류에게는 필요악이라고 생각합니다. 지금 다양한 에너지원이 연구되고 있으니, 원자력 발전은 점점 줄여 나가야 한다고 생각합니다. 한반도 주변 지진도 계속 늘어나고 있는 만큼, 더더욱 위험한 원자력 발전소는 당연히 없어져야 합니다.

정말로 —— 그러나 다른 어떤 에너지원보다 깨끗합니다. 특히 이산화탄소 배출이 매우 적은 발전 방식입니다. 모든 발전 방식을 원자력으로 바꾼다면, 탄소 배출을 크게 줄일 수 있습니다. 2020년 빌 게이츠도 원전은 '온실가스 배출이 없는 청정에너지원'이라면서, 원전 기업을 설립하고 차세대 소형원전을 개발할 필요성을 언급했습니다.

구더기 무섭다고 장을 못 담글 수는 없지 않습니까?

나자연 — 제가 아는 것과 너무 다르군요. 원자력 발전 과정 자체는 온실가스의 배출이 적을지 모르겠으나, 우라늄의 생산과 운반, 원전 건설, 핵폐기물의 처리 과정에서 오히려 많은 온실가스가 배출됩니다. 만약 원자력 발전소가 수명을 다해 철거해야 한다면, 뒤처리하는 데 막대한 예산 낭비를 초래할 것입니다. 매우 경제적인 발전 방식이라는 것은 완전히 잘못된 설명입니다.

사회자 — 아주 의견이 팽팽하게 대립하는군요. 전문적인 지식을 바탕으로 열띤 토론을 해 주셔서 감사드립니다. 시간 관계상 다음 주제로 넘어가겠습니다.

주제 3
태양광 에너지는 에너지 불평등을 해소해 줄까

사회자 — 앞에서 에너지 불평등 문제를 언급했는데요. 석유 자원은 중동, 캐나다, 러시아 등 일부 산유국에서만 생산되기 때문에 근원적으로 지리적 불균형 문제를 가지고 있습니다. 그래서 끊임없이 분쟁의 대상이 되어 왔죠. 석유에 의존하는 세계 산업과 경제는 아직도 유가의 등락을 가지고 힘겨루기를 하고 있습니다. 최근 중국의 급속한 성장으로 석유 소비량이 가파르게 늘어나면서, 미국과 중국 등 세계 강국들은 에너지 주도권을 놓고 치열하게 경쟁하는 상황입니다. 과연 태양광 에너지는 화석 연료를 대체하고 불평등 문제를 해

소할 수 있을까요?

만수르 — 제가 먼저 말씀드리겠습니다. 중동의 석유협회는 이러한 불평등 문제를 해소하기 위해 많은 국가 개발 원조를 추진하고 있습니다. 석유를 팔아서 번 돈으로 아프리카 여러 나라의 도로, 항만 등 인프라 건설을 지원하고 있습니다. 석유는 한정된 국가에서 생산하고 있지만, 결국 그것으로 번 자금은 어려운 나라로 흘러가게 되는 것이지요. 공조와 협력을 통해 충분히 해결해 나갈 수 있습니다.

최고로 — 물론 지리적 불균형을 해소할 수는 없다고 생각합니다. 석유는 자연이 준 선물이라고 할 수 있지요. 우리나라는 석유 한 방울 나지 않기 때문에, 애초부터 과학기술을 발전시켜 왔습니다. 한국인의 근면 성실한 태도 덕분에 눈부신 발전을 이룩할 수 있었으나, 이런 노력이 없었다면 석유를 충분히 확보하지 못했을 것입니다. 수출을 통해 번 돈으로 석유를 수입할 수 있었고, 석유를 가공한 2차 산물을 역수출하여 성장하였습니다. 그러나 아프리카 국가 중 유럽 열강의 오랜 식민지 수탈을 당한 국가는 상황이 아주 다릅니다. 그들은 자립할 기회조차 얻지 못한 채 대부분의 자원과 노동력을 강대국에게 수탈당했기 때문에, 지금도 가난에서 벗어나지 못하고 있습니다. 이 가난은 에너지 부족 문제와 다르지 않습니다. 그래서 국가 개발 원조는 근본적인 대안이 아니라고 생각합니다.

나자연 — 지금 두 분께서는 사회자께서 말씀하신 의도에서 많이 벗어난 이야기를 하고 계십니다. 태양광 발전은 매우 평등한 에너지원이라고 생각합니다. 태양광 발전은 태양 빛을 주에너지원으로 활용하

어떤 사안에 대해 대립하는 두 집단이 있을 때 한쪽이 그 사안을 포기하면 상대방에 비해 손해를 보게 되지만, 양쪽 모두 포기하지 않는 경우 가장 나쁜 결과가 벌어지는 게임이다. 비즈니스 분야에서 상대가 포기할 때까지 극한 경쟁을 하는 경우를 빗대어 말한다.

기 때문에 무한합니다. 태양이 사라지지 않는 한, 어느 국가든 태양빛을 활용할 수 있기 때문이지요. 아프리카의 적도 부근 나라들은 태양의 고도가 높기 때문에 오히려 태양광의 혜택을 많이 누릴 수 있는 장점을 가졌습니다. 불과 10년 전만 하더라도 태양전지의 가격이 매우 비쌌습니다. 그러나 지금은 태양전지의 '그리드 패러티'[10]가 나타나고 있습니다. 값이 매우 싸졌다는 의미입니다. 에너지 부족 국가에서 값싼 태양전지를 사용하여, 누구나 평등하게 에너지를 누릴 수 있는 기회를 제공해야 합니다.

정말로 — 네, 맞습니다. 과거 많은 태양전지 재료(폴리실리콘)를 생산하는 기업들이 난립했습니다. 그러나 10년간 치킨게임[11]을 통해 많은 폴리실리콘 기업이 사라졌습니다. 경쟁 과정에서 가격은 많이 내려 갔죠. 우리나라의 OCI라는 기업은 치킨게임에서 살아남았고, 태양광 발전의 대중화 시대를 열고 있습니다. 과거보다 태양전지의 효율도 매우 높아졌으며, 수십 년 동안 사용할 수 있을 정도로 견고해졌기 때문에 가난한 국가에서 얼마든지 활용할 수 있다고 생각합니다. 그러나 에너지 저장장치를 유지하는 데 드는 비용이 큰 만큼, 도시 수준으로 대형화하기에는 아직 한계가 많습니다. 만수르 님께서 이런 부분을 참고하여, 원조 개발을 하신다면 좋을 것 같습니다.

최고로 — 태양광 발전에 사용되는 2차전지가 많이 대중화되었다고는 하나 여전히 높은 기술력을 요구합니다. 우리나라를 포함한 몇몇 선진국의 기업들이 기술을 가지고 있지요. 과연 가난한 나라가 사용할 수 있을 정도로 가격이 낮아질지 의문입니다. 국제기구 등을 통해 세계가 협력하여 저개발국가에 저렴하게 제공하여야 합니다.

사회자 — 태양광 발전에 대해 갖는 생각은 다소 다르지만, 대체로 긍정적인 시각을 가지고 계시다는 점을 알 수 있었습니다. 진지한 대화 감사드립니다. 태양광 외에도 풍력, 파력 발전 등도 불평등 해결의 좋은 대안이 될 수 있다고 알고 있습니다. 시간 관계상 다음에 추가 논의 기회를 만들어 보겠습니다. 그러면 마지막 주제의 토론을 이어 가겠습니다.

주제 4

전기차, 정말 녹색 교통의 시대를 열까

사회자 — 오늘의 마지막 토론 주제입니다. 최근 전 세계적으로 전기차가 확산되고 있습니다. 테슬라가 수백 건의 특허를 무상으로 공개하면서, 많은 기업의 진입 장벽이 낮아졌습니다. 우리나라의 LG에너지솔루션, 삼성SDI, SK이노베이션을 비롯하여, 중국의 CATL, 일본의 파나소닉 등 2차전지 생산에도 활기를 띠고 있습니다. 과연 전기차는 녹색 시대를 열어 줄 수 있을까요?

정말로 — 제가 좋아하는 빌 게이츠는 기후변화 대응에 기술 혁신이 필요하다는 점을 강조했습니다. 반도체의 크기를 줄이는 반면, 성능을 향상시키고 전력 사용량을 줄여 나간다면, 모든 전자 장치에서 소비되는 에너지 총량을 획기적으로 줄일 수 있다고 주장했습니다. 저도 과학자 입장에서 과학기술이 발전하면, 전기차 시대는 더욱 빨리 올 것이라고 생각합니다. 전기차에 자율주행 기술을 넣으면, 인간의 실수로 발생하는 사고를 크게 감소시켜 안전한 사회를 만들 수 있습니다. 화석 연료를 덜 사용하는데 안전하기까지 하니, 얼마나 훌륭한 미래의 모습입니까?

나자연 —— 제가 과학기술에 대해 다소 부정적인 편이지만, 이 부분은 동조할 수밖에 없군요. 인류가 발명한 것 중에 2차전지와 전기차는 매우 훌륭한 것이라고 생각합니다. 태양광 에너지원과 결합한다면, 세계적으로 확산될 만한 가치가 큰 것이지요. 하지만 2차전지 재료가 되는 희토류를 생산하는 티베트 지역 사람들이 노동 착취를 당하는 등 사회적 문제가 발생하고 있습니다. 2차전지의 주 재료도 결국 자연에서 얻는 자원이기 때문에 또 다른 불평등을 초래할 수 있습니다. 늘 이런 부분에 경각심을 가지고 꾸준히 모니터링해야 합니다. 이는 저희 같은 환경 단체가 해야 할 역할이라고 생각합니다. 공정한 무역과 생산을 통해 궁극의 녹색 사회가 펼쳐질 수 있기를 희망합니다.

만수르 —— 우리나라는 아직도 석유 자원이 풍부하기 때문에 전기차 시대가 빨리 오는 것이 달갑지는 않습니다. 너무 솔직하게 말씀드렸지요? 우리나라의 국부와 관련되어 있기 때문에, 전기차 기업을 적극적으로 지원하고 싶지는 않습니다. 하지만 우리도 다른 친환경 차량인 수소차에는 높은 관심을 가지고 있습니다. 그 이유는 부생 수소 때문입니다. 석유를 정제하는 과정에서 다량의 수소가 발생하는데 이것을 부생 수소라고 합니다. 대부분 버려지는 것이었죠. 그런데 현대차에서 수소전기차를 만든다는 소식을 듣고 매우 반가웠습니다. 우리 석유 자원의 부가가치를 높일 수 있는 기회가 된 것이죠. 물론 석유 자원이 고갈된 후에는 물을 전기 분해하여 수소를 얻겠지만, 아직까지는 부생 수소의 가격이 훨씬 저렴하거든요. 이미 발생하는 것을 가져다 쓰기만 하면 되니까, 자동차 기업이나 우리 산유국이나 서로 좋은 선택입니다. 오랫동안 연구 개발한 엔진을 버리지 않고, 연료만 수소로 전환하면 되기 때문에 자동차 기업들에게도 이익입니다. 우리는 순수 전기차보다는 수소전기차가 더 많이 확산되었으면 좋겠습니다. '전기 충전 인프라가 부족한 국가' 또는 '부생 수소를 많이 확보할 수 있는 국가'에서는 수소전기차가 확대되어야 합니다.

최고로 ── 만수르 님, 특정 국가의 이익만을 반영해서는 안 된다고 생각합니다. 기후변화를 늦추고, 녹색 시대를 열어 가는 것은 전 세계가 함께 고민해야 할 심각한 사안이라고 생각합니다. 개별 국가의 의견보다는 범국가적 협의체의 의견을 따라야 합니다. 수소차보다는 전기차가 세계적인 흐름입니다. 저는 아직 수소전기차의 장점을 잘 모르겠습니다. 부생 수소조차 얻기 힘든 가난한 나라에게 수소전기차는 여전히 불리하다고 생각합니다. 전기차는 태양광 발전을 통해 충전하면 되기 때문에, 에너지 불평등 문제를 해결하는 등 일거양득의 효과가 있습니다.

정말로 ── 저는 만수르 님의 의견에 동의합니다. 현대차가 30년간 엔진을 개발해 왔는데, 전기차 시대가 되었다고 해서 그것을 한순간에 포기한다면, 그동안 쌓은 기술력이 매우 아까울 것입니다. 자동차

엔진 기술은 항공기 제트 엔진, 로켓 엔진, 선박과 잠수함의 기술로도 확장될 수 있기 때문에 지속적으로 연구되어야 합니다. 스위스와 같이 물 자원이 풍부하고, 험준한 산악 지형을 가진 나라에서는 더 높은 출력을 낼 수 있는 수소전기차를 선호하는 편입니다.[12] 국가마다 여건이 다르니, 수소전기차도 함께 개발되어야 합니다. 수소전기차도 연소된 후에는 물만 배출되기 때문에 매우 친환경적입니다. 녹색 미래를 열어 갈 또 하나의 대안이라고 생각합니다. 더구나 전기차는 아직까지 주행거리가 길지 않으며, 충전하는 데 큰 번거로움이 있습니다. 달리면서 충전하는 기술도 개발되고는 있으나, 많은 도로에 장비를 매설해야 하는 등 비용이 많이 들고 해결해야 하는 과제가 많아 시간이 오래 걸릴 것입니다.

사회자 — 풍부한 배경지식을 바탕으로 다양한 대화가 펼쳐져 사회자로서 매우 기쁩니다. 지금까지 총 네 개 주제에 대한 토론을 마쳤는데요. 객관적인 정보와 지식을 워낙 많이 제공해 주신 덕분에 시청자 여러분도 합리적인 판단을 하셨을 것으로 생각합니다. 에너지 문제는 국가 간의 이익이 첨예하게 대립하고, 기술 경쟁, 특허 침해 등 다양한 문제가 발생하는 중대한 사안입니다. 특정 집단의 이익만을 대변하는 기사를 보면 편협하게 생각하게 됩니다. 오늘은 매우 균형 잡힌 시각을 제공함으로써, 시민들의 소양을 한층 끌어올렸을 것이라고 생각합니다. 오늘 참석해 주신 토론자 분들께 감사드립니다.

지난 130년 동안 식민 정책으로 그 어느 곳보다 고통을
겪은 대륙은 아프리카였다. 스페인, 포르투갈, 영국, 네덜란
드, 프랑스는 수백만의 아프리카 사람들을 잡아다 '신세계'
오지의 농장으로 끌고갔다. 북브라질과 카리브해 연안, 훗
날에는 미국 남부의 농장과 광산에서 노예들은 상상할 수도
없을 만큼 부를 일구었다. 그러나 엄격하게 말해서 이들을
노예로 만든 사람들은 유럽인이 아니었다. 아랍과 아프리카
의 노예 사냥꾼들이 가엾은 사람들을 잡아 유럽인에게 팔았
던 것이다. 적지 않은 아프리카 종족이 수백 년 동안 이웃을

노예로 삼아 권력을 쥐었다. 현재 아프리카 국가들의 지배 계급 대부분이 노예 제도 시절 그
런 사냥꾼의 후손이다.

······ 중략 ······

과거 그리스, 로마 시대부터 지속되었던 노예 전쟁은 권력이나 명예, 영토를 목적으로 하
는 정상적이 전쟁이 아니었다. 전쟁의 목적은 오로지 정복한 땅의 사람들이었다. 따라서 사람
씨앗 하나 남지 않을 정도로 주민들을 모조리 끌고 가 버리지는 않더라도 그곳의 사회적·정
치적·문화적 정체성은 완전히 파괴되고 만다. 그러니 '민족 말살'이라는 말을 써도 전혀 과장
이 아니다.

– 게르하르트 슈타군의 『전쟁과 평화의 역사, 최대한 쉽게 설명해 드립니다』 중에서 발췌

아프리카 나라 대부분이 경제적으로 빈곤하고, 에너지 불평등 문제를 겪고 있는 근본적인 이유는 과거 속에 있습니다. 우리나라도 과거 식민지를 겪으면서 수탈을 당한 것처럼, 아프리카는 수백 년 동안 유럽 열강으로부터 수탈당한 역사를 가졌기 때문입니다. 풍부한 자원과 노동력은 모두 빼앗겼으며, 경제적으로 자립할 기회를 박탈당한 것이지요. 우리는 이곳과 지리적으로 멀리 떨어져 있기 때문에 별 관심 없는 사실일 수도 있습니다.

그러나 현재 우리나라가 눈부신 성장과 발전을 이룩한 데에는 수출이 있었기 때문이라는 점을 돌아봐야 합니다. 무역을 통해 세계 여러 나라가 우리나라 상품을 구입해 주었기 때문에 고도로 성장할 수 있었지요. 현재 전 세계는 경제를 중심으로 긴밀하게 연결되어 상호작용하고 있습니다. 따라서 아프리카가 겪는 에너지 불평등에 대해 세계시민적인 관점에서 관심을 가질 필요가 있습니다.

더불어, 우리나라는 미래 에너지 산업을 키우고 있습니다. OCI, 한화솔루션 등의 태양광 발전 재료 및 설비 생산, LG에너지 솔루션, 삼성SDI, SK이노베이션의 2차전지 생산 등이 대표적인 사례입니다. 화석 연료를 대체할 미래 에너지 산업으로 큰 도약을 준비하고 있는 만큼, 다른 나라가 겪는 문제를 함께 고민하고 해결해 나갈 필요가 있습니다.

미래 에너지의 성장과 발전은 국가, 기업뿐만 아니라 세계 시민 모두가 함께 고민하며 풀어 나가야 할 숙제입니다.

에너지 위기를 어떻게 극복할 것인가

1. 다음 에너지 위기에 대한 토론 내용을 보고, 각 주장에 관한 근거를 정리해 적어 보세요.

에너지 위기를 어떻게 극복할 것인가?		
	긍정적이다	부정적이다
과연 석유 없는 세상이 올까?		
원자력 발전은 지속 가능할까?		
태양광 에너지는 에너지 불평등을 해소해 줄까?		
전기차, 정말 녹색 교통의 시대를 열까?		

2. 에너지 위기에 관한 자신의 생각을 적어 보세요.

▲ **외젠 라미**(1800~1890년), 「**두 마리 말이 끄는 4륜 마차와 채찍을 든 마부**」, **19세기경.** 외젠 라미의 소묘 작품으로, 두 마리의 말과 마차의 모습에서 생동감이 느껴진다. 말을 타고 다니던 시절 마차의 발명은 놀라운 일이었을 것이다. 전기차가 처음 등장했을 때 우리가 놀랐던 것처럼!

생각 더하기

+ 생각 더하기는 장별 '마무리하기'의 예시 답안입니다.

 과학기술의 발전은 우리에게 안전하고 편리한 생활을 가져다줄까

생명공학 기술 발달은 우리에게 긍정적인 방향으로 작용했다.
근거 : 생명공학 발달을 통해 식량위기 극복, 전염병 예방, 질병 치료 등이 이뤄져 왔다.

생명공학 기술 발달은 우리에게 부정적인 방향으로 작용했다.
근거 : 과학기술 개발을 위해 인간과 동물의 존엄성, 환경 측면이 무시되는 사례가 발생하고 있으므로, 이러한 부정적인 점을 보완해야 한다.

물리학과 화학 기술 발달은 우리에게 긍정적인 결과를 가져왔다.
근거 : 운송수단의 발달로 시간과 공간의 제약을 극복하였고, 새로운 물질을 발견해 편리한 생활을 누리고 있다.

물리학과 화학 기술 발달은 우리에게 부정적인 결과를 가져왔다.
근거 : 운송수단의 발달로 대기오염이 발생했고, 플라스틱의 발명으로 우리의 안전과 건강이 위협받고 있다.

과학기술의 발전은 계속되어야 한다.
근거 : 현재까지 발생한 문제 상황을 해결해 가기 위해 과학의 연구와 기술발전이 꾸준히 이뤄져야 한다.

환경보전의 측면에서 발전이 이루어져야 한다.
근거 : 자연과 인간이 공존했던 과거의 순환적인 삶으로 인식을 변화시켜 가야 한다.

쟁점 2

핵융합 발전 연구에 많은 예산을 쓰는 것이 옳은가

핵융합 발전은 성공할 것이다.

근거 : 핵융합 발전은 한두 명의 천재들에 의해 만들어진 개념이 아니며, 선진국 정부들이 구체적인 로드맵을 가지고 진행 중인 프로젝트이다. 긴 시간 동안 투자한다면 충분히 성과를 거둘 수 있다.

핵융합은 성공 가능성이 거의 없다.

근거 : 우리가 쓸 수 있는 예산에는 한계가 있으므로, 우리 삶의 직접적인 문제를 해결하는 것이 더 중요하다. ITER가 성공적으로 가동된다고 하더라도 이는 불구덩이에 있는 사람을 구하는 구조선이 아니라 물 한 방울에 지나지 않을 것이다.

핵융합 발전 연구에 대한 예산의 경제성을 현재의 기준으로 판단해서는 안 된다.

근거 : 많은 국가가 공조해서 하는 프로젝트라서 해당 국가 내 정치적인 상황의 영향을 받아 일반적인 과학기술 발전과정과는 달리 역사적인 부침을 겪었다. 핵융합 발전의 경제성이 언제쯤 상대적으로 우위에 올라올지는 장담할 수 없지만, 핵융합 발전이 본궤도에 올라서면 경제성은 다른 에너지원보다 높아질 것이다.

핵융합 발전 연구에 대한 예산 검증이 부족하다.

근거 : 이 기술에 대한 정보가 제한적이고 관련 분야 종사자의 인적 구성도 제한적이라 결국 집단 내에서 검증이 이뤄지고 있다.

뉴턴의 운동 법칙은
애당초 틀린 것 아닐까

과학이다.
근거 : 모형이 목표한 자연이나 사회 현상을 충실히 설명하고 있다면 모형의
타당성이 확보된다.

과학이 아니다.
근거 : 실험적으로 존재가 밝혀질 수 없는 대상을 가정하면 안 된다.

허용될 수 있다.
근거 : 뉴턴은 우리 주변에서 일상적인 물체의 운동을 여전히 잘 설명하고 있
고, 세상에 예외 없는 법칙은 없으며, 예외를 설명하는 과정에서 과학은
크게 발전했다.

허용될 수 없다.
근거 : 법칙이라는 말이 가지는 의미에 맞게 에너지 보존, 운동량 보존처럼 예
외가 발견되지 않아야만 법칙이라 부를 수 있다.

그렇다.
근거 : 숫자로 표현되지 않으면 어떠한 보존 법칙도 확인할 수 없다. 정량적인
엄밀성은 과학의 핵심적인 요소이다.

그렇지 않다.
근거 : 변수들 사이의 관계에 대한 정성적인 기술은 과학의 시작점이다. 수학
에 갇혔다면 패러데이가 나오지 못했을 것이다.

**속력 제한만으로 교통사고 시 발생하는
사망사고를 예방할 수 있을까**

예방이 가능하다.

근거 : 속력이 낮은 경우 차량이 정지하는 데 필요한 거리가 짧아져서 사고 발
생을 줄이고 교통사고 발생 시 피해자의 사망 비율을 낮출 수 있다.

예방에 부족함이 있다.

근거 : 같은 속력이라도 질량이 큰 차량은 사고 발생 시 사망할 확률이 월등히
높다.

방법 : 질량이 큰 대형차량과 학생들의 동선이 겹치지 않도록 육교나 스쿨존
우회도로 등을 설치하거나, 어린이가 주로 다니는 횡단보도의 통과 차
량 높이를 제한한다.
스쿨존 안에서라도 보행자 도로 연석과 주차방지 블록, 보행자 도로 울
타리에 충격흡수장치를 설치한다.

방법 : 어린이 보호구역임을 도로면에 크게 표시하고 옐로카펫, 노란 신호등,
차량 속도 측정기 등을 설치한다.
고원식 횡단보도를 설치하여 자연스럽게 횡단보도 앞에서 감속하도록
유도한다.
교육을 통해 운전자와 어린이의 의식을 개선한다.

유전자치료법을 사용해야 하는가

체세포와 줄기세포 유전자치료를 사용해야 한다.

근거 : – 환자의 선택을 존중해 주어야 한다. 유전자치료밖에 선택할 수 없는
난치병 환자에게 유일한 치료방법이 될 수 있다.

– 과학기술의 발전을 위해 기술을 받아들이고 연구하는 것은 필연적이
다. 따라서 부족한 유전자치료제 생산시설을 충분히 갖추고 생산시
설을 더욱 개선하여 발전시켜야 한다.

체세포와 줄기세포 유전자치료를 사용해서는 안 된다.

근거 : – 질병은 대부분 단일유전자 이상으로 발생하는 경우가 극히 드물며
여러 개의 유전자가 복합적으로 작용하여 병이 발병하기 때문에 근
본적인 치료방법이 될 수 없을 것이다.

– 우리 몸에 필요한 세포들이 파괴되거나 암이나 돌연변이가 발생할
가능성이 높아진다.

배아나 수정란 유전자치료를 사용해야 한다.

근거 : – 유전병을 치료하는 가장 확실한 방법이다.

– 병을 치료하거나 완화하기 위해 개인에게 요구되는 비용, 사회적인
비용, 환자와 가족이 겪는 정신적인 아픔을 줄일 수 있다.

– 과학기술의 발전을 위해 기술을 받아들이고 연구하는 것은 필연적
이다.

배아나 수정란 유전자치료를 사용해서는 안 된다.

근거 : – 배아나 수정란 유전자치료 기술은 인간을 대상으로 임상실험을 할
수 없기 때문에 안전성을 확실하게 입증할 수 없다.

– 윤리적인 문제를 일으킬 수 있다.

– 경제적 능력을 가진 사람만 누릴 수 있는 기술이 될 것이다.

유전자치료 대상이 되어야 하는 질환을 구분해야 한다.

근거 : – 병을 치료하는 목적을 넘어 사람들이 선호하는 유전자로 디자인된
인간이 만들어질 것이다. 그 결과 개성이 사라지고 획일화되어 사회
구성원의 다양성이 없어질 것이다.

– 경제적 계층이 유전적 격차로 이어져 유전자 차별이라는 사회적인
문제가 생길 것이다.

유전자치료 대상이 되어야 하는 질환을 구분하지 않아도 된다.

근거 : – 개인의 자율성을 존중해 주어야 한다.

– 유전적 개량을 통해 개인이 만족한다면 사회적으로 긍정적인 효과가
나타날 것이다.

쟁점 6

우주개발을 위한 예산 확보를
계속해야 할까

달 탐사는 인류에게 유·무형의 긍정적인 유익을 주었다.

근거 : – 미국은 달 탐사 성공 이후 강대국의 위치를 견고히 할 수 있었다.

– 달 탐사는 전 세계적으로 항공우주과학 분야의 발전에 큰 기여를 하였다.

– 미국의 달 탐사 성공은 전 세계 사람들에게 희망을 주었다.

– 무선전동기구, 내화성 섬유, 동결건조식품 등 달 탐사는 인류에게 실질적인 유형의 유산을 남겨 주었다.

달 탐사는 소요 비용에 비해 큰 유익이 없었다.

근거 : – 미국이 달 탐사를 위해 투입된 예산이 우리 돈으로 28조에 해당하는데, 달 탐사는 투입에 비해 인류에게 준 이득이 없었다.

– 무선전동기구, 내화성 섬유 등은 달 탐사가 아니더라도 개발할 수 있는 제품들이다. 이러한 유산을 위해 투입한 대가 치고는 달 탐사에 들어간 비용이 과도하다.

– 달 탐사의 실질적인 산물은 달 암석과 흙, 사진 몇 장이 전부이다.

우주개발은 모든 분야에 집중해야 한다.

근거 : – 당장 눈앞의 유익만 보고 투자하는 것이 아니라 멀리 내다보고 우주개발을 준비해야 한다. 우주개발의 예산을 줄이면 세계와의 격차는 점점 벌어질 것이다.

– 현재 시대의 흐름은 예상할 수 없을 정도로 빠르게 진행되고 있다. 우주개발은 다양한 분야가 긴밀하게 연결되어 있어 어느 한 분야만 집중적으로 연구한다고 해서 효과적인 사업이 될 수 있는 것이 아니다.

우주개발은 특정 분야에만 집중해야 한다.

근거 : – 국민들의 복지와 일자리 창출, 환경보전 등 시급한 일들이 많기 때문
　　　　에 우주개발 예산은 필요한 부분 이외에는 줄여야 한다.

　　　– 당장 국민들의 삶에 영향을 끼치는 GPS와 위성 개발 등에 예산을
　　　　투입하고 나머지는 과감히 삭감하여 환경오염과 기후위기 대응을 위
　　　　한 사업에 예산을 집중해야 인류에게 더 유익을 가져다줄 수 있다.

우주개발 예산을 지속적으로 확보해야 한다.

근거 : – 미국이 아폴로 계획을 실행할 당시 근 10년간 나라 전체 예산의
　　　　3~5%를 꾸준히 투입하였다. 즉, 예산의 지속적인 투입 여부는 해당
　　　　분야의 발전에 많은 영향을 끼친다.

　　　– 누리호 발사는 독자적인 우주운송수단의 첫걸음이다. 누리호를 기반
　　　　으로 새롭고 다양한 과학기술이 지속적으로 발전할 수 있기에 해당
　　　　분야의 예산을 지속적으로 투입해야 한다.

우주개발 예산은 필수 분야를 제외하고 점진적으로 축소해야 한다.

근거 : – 2021년 누리호 발사에 1,879억 원이 투입되었는데 누리호 발사 이
　　　　후 당장 국민들에게 돌아온 유익이 무엇인지 막연하다.

　　　– 국민들의 복지에 곧바로 영향을 줄 수 있는 사업에 예산을 집중해야
　　　　한다.

지구온난화, 정말 위기인가

북극곰은 지구온난화와 관계없다.

근거 : 오히려 북극곰의 개체 수가 증가한 것으로 보아 직접적인 관계가 없어 보인다.

북극곰은 지구온난화로 인해 위기에 처해 있다.

근거 : 지구온난화로 인해 북극곰의 서식지 및 먹이활동 장소인 빙하가 파괴되고 있으므로, 장기적으로는 북극곰의 생존에 영향을 미칠 것이다.

지구온난화도 장점이 있다.

근거 : 오히려 높은 온도에서 더 잘 생장하는 작물이 있다. 특정 지역에서 특정 작물은 더 잘 생장할 것이다.

지구온난화는 부정적 영향을 끼친다.

근거 : 더 많은 홍수와 태풍 등 기상재해가 발생할 것이다. 해수면 상승은 특정 지역의 침몰을 야기할 것이다.

지구는 모든 곳이 따뜻해질 것이다.

근거 : 지구의 평균 온도가 상승하고 있다. 따라서 따뜻해진다고 볼 수 있다.

지구온난화로 인해 추워지는 곳이 있다.

근거 : 제트기류의 약화, 해양 순환의 약화로 인해 높은 위도의 지역은 겨울에 온도가 더욱 낮아질 것이다.

자연활동에 의한 것이 가장 큰 영향을 끼친다.
근거 : 태양활동 변화, 지구의 자전축과 이심률 변화는 지구 기온에 영향을 끼친다.

인간활동에 의한 것이 가장 큰 영향을 끼친다.
근거 : 산업혁명 이후 급격한 변화는 자연활동의 긴 주기로는 설명할 수 없다. 대기 중 이산화탄소 증가율과 기온변화의 형태가 가장 유사하다.

GMO, 사용해도 되는가

유전자 변형 농산물을 이용한 식품은 매우 안전하고 아무런 문제가 없다.

근거 : 현재에도 유전자 변형 옥수수나 콩은 동물 사료로 직접 제공되고 있으며, 식용유나 당으로 가공한 식품을 인간도 섭취하고 있으나 문제가 나타나지 않고 있다.

유전자 수준에서 변이가 나타날 수 있으므로 문제는 더 지켜보아야 한다.

근거 : 유전자 변형 농산물을 이용한 지 얼마 되지 않았기 때문에 현재 문제가 나타나지 않았다고 하여 앞으로도 문제가 없다고 단정할 수 없다. 왜냐하면 유전자 수준에서의 변이는 오랜 시간 동안 천천히 나타나기 때문이다.

유전자 변형 농산물을 재배함으로써 경작 범위가 넓어지고 수확량도 증가하고 있다.

근거 : 유전자 변형 농산물은 물 사용량을 줄일 수 있어 건조한 곳에서 농사가 가능하며, 메뚜기와 같은 해충의 피해를 최소화할 수 있어 인류의 기아 문제를 해결할 수 있다.

유전자 변형 농산물은 식량증산을 위해 개발되지는 않았다.

근거 : 유전자 변형 식물은 제초제 회사에서 개발하기 시작하였으며, 유전자 변형 농산물 씨앗 판매량보다 농약 판매량이 급증하고 있다.

질병 극복을 연구하기 위해서는 동물의 이용이 필요하다.

근거 : 실험에 이용된 동물들은 법에서 정해진 기준과 절차에 따라 잘 처리하
고 있다.

한 생명을 살리기 위해 다른 생명을 희생시킨다면 큰 의미가 없다.

근거 : 유전자 변형 생물을 이용하는 것은 동물 복지, 생명 존중 등 윤리적인
문제와 함께 인수 공통 전염병의 확산이라는 측면에서도 이용이 제한
되어야 한다.

쟁점
9 에너지 위기를
어떻게 극복할 것인가

과연 석유 없는 세상이 올까?

긍정적이다.

근거 : 석유를 재료로 생산되는 플라스틱이 버려지면서, 환경 문제가 심각하다. 경유 자동차의 운행도 제한하는 등 환경을 위해서라면 탈석유화가 불가피하다. 태양광, 풍력 등 신재생에너지로 전환해 나가야 한다.

부정적이다.

근거 : 석유를 대체할 소재 개발, 에너지원의 개발 등이 뒷받침되지 않는다면, 석유가 없는 세상은 에너지 부족 등 또 다른 위기를 낳을 수 있다. 셰일 가스 등 원유 채굴 기술을 개발하여 충분히 더 사용해 보아야 한다.

원자력 발전은 지속 가능할까?

긍정적이다.

근거 : 원자력 발전은 매우 적은 양의 우라늄 등 방사성 동위 원소를 가지고 매우 많은 양의 전기에너지를 생산할 수 있다. 이보다 더 효율이 높은 발전 방식은 없으며, 소형 원자로를 개발하여 선박, 우주선 등에 활용할 수 있는 미래지향적인 기술이다.

부정적이다.

근거 : 원자력 발전소를 폐기하는 데 들어가는 비용이 막대하다. 사용하는 동안은 비용 대비 효율이 뛰어나지만, 결국 폐기하는 과정에서의 방사능 유출 및 처리 등이 심각한 사회문제가 될 것이다. 그리고 일본, 러시아처럼 원자력 발전소가 파괴되기라도 한다면, 심각한 재앙이 된다.

태양광 에너지는 에너지 불평등을 해소해 줄까?

긍정적이다.

근거 : 태양은 누구에게나 공평하다. 모든 국가가 태양을 볼 수 있기 때문이다. 물론 위도에 따라 태양에너지 밀도는 다르겠지만, 가난한 나라가 많은 아프리카, 남아메리카, 동남아시아 등은 적도와 가깝기 때문에 풍족한 태양 빛을 활용할 수 있다. 가난한 나라가 더 많은 에너지를 사용할 수 있기 때문에, 불평등이 적은 대안이 된다.

부정적이다.

근거 : 태양광 발전에 사용되는 2차전지는 높은 기술력을 요구한다. 우리나라를 포함한 몇몇 선진국의 기업들이 기술을 가지고 있다. 과연 가난한 나라가 사용할 수 있을 정도로 가격이 낮아질지 의문이다. 국제기구 등을 통해 세계가 협력하여 저개발국가에 저렴하게 제공하여야 한다.

전기차, 정말 녹색 교통의 시대를 열까?

긍정적이다.

근거 : 태양광 발전으로 전기를 생산하고, 그것을 충전하여 전기차를 운행한다면, 배기가스 배출을 완전히 없앨 수 있다. 이렇게 줄인 이산화탄소와 오염 물질은 환경을 깨끗하게 변화시킨다. 시간은 오래 걸리겠지만, 올바르게만 나아간다면 녹색 시대는 멀지 않았다.

부정적이다.

근거 : 전기차는 아직까지 주행거리가 길지 않으며, 충전하는 데 큰 번거로움이 있다. 달리면서 충전하는 기술도 개발되고는 있으나, 많은 도로에 장비를 매설해야 하는 등 비용이 많이 들고 해결해야 하는 과제가 많다. 시간이 오래 걸릴 것이다.

이화북스

단숨에 읽을 수 있는, 믿을 수 없을 만큼 흥미진진한 교양서!

─ 누구나 교양 시리즈 ─

세계사,
최대한 쉽게
설명해 드립니다

세계사의 흐름을 머릿속에
저절로 그릴 수 있게 하는
독일의 국민역사책

철학,
최대한 쉽게
설명해 드립니다

스스로 생각하는
힘을 키워 주는
철학 교양서

종교,
최대한 쉽게
설명해 드립니다

문학·역사·철학·과학의
시각으로 들여다보는
세상의 모든 종교

국립중앙도서관 서평전문가 추천도서

**전쟁과
평화의 역사,**
최대한 쉽게
설명해 드립니다

전쟁의 역사에서 찾아내는
평화의 비밀

전국역사교사모임 추천도서

윤리,
최대한 쉽게
설명해 드립니다

전 세계 30개 국
100만 청소년들의
윤리 교과서

정치,
최대한 쉽게
설명해 드립니다

자유로운 개인들의
사회적 연대를 위한
정치 교과서

**그리스
로마 신화,**
최대한 쉽게
설명해 드립니다

그리스 로마 신화의
맥을 잡아 주는
50가지 재미있는 강의

행복의 공식,
최대한 쉽게
설명해 드립니다

전 세계
언론이 격찬한
행복 사용설명서

우주의 역사,
최대한 쉽게
설명해 드립니다

경이롭고 가슴 벅찬
우주와 인간의 이야기

─ 누구나 인간 시리즈 ─

한나 아렌트
세계 사랑으로
어둠을 밝힌
정치철학자의 삶
한나 아렌트를
처음 만나는 이들을 위한
선물과도 같은 책

국립중앙도서관 사서 추천도서

조제프 푸셰
어느 정치적 인간의 초상
최고의 전기 작가
슈테판 츠바이크의 역작

쇼펜하우어
쇼펜하우어와
철학의 격동시대
전 세계가 인정하는
쇼펜하우어 대표 전기

니체
그의 사상의 전기
프리드리히
니체 상 수상작

히치콕
영화의 거장
히치콕 전기
최신 개정판